2me ARMÉE DE LA LOIRE

21me CORPS

15me DE MARCHE

JOURNAL

DU

3ME BATAILLON

PAR

LE COMMANDANT LACROIX

DEUXIÈME ÉDITION

PARIS

DENTU, ÉDITEUR, PALAIS-ROYAL, GALERIE D'ORLÉANS, 8.

LISIEUX

IMPRIMERIE DE Mme LAJOYE-TISSOT, RUE DU BOUTEILLER, 26.

1871

2me ARMÉE DE LA LOIRE

21me CORPS

15me DE MARCHE

JOURNAL

DU

3ME BATAILLON

PAR

LE COMMANDANT LACROIX

PRIX : 60 CENTIMES

LISIEUX

IMPRIMERIE DE Mme LAJOYE-TISSOT, RUE DU BOUTEILLER, 26.

1871

SI VIS PACEM PARA BELLUM.

A la Majesté Nasr-ed-Din-Ichah
roi de Perse
            hommage très respectueux de
l'auteur
            Le Chef de Bataillon Commandant
                    De la Croix

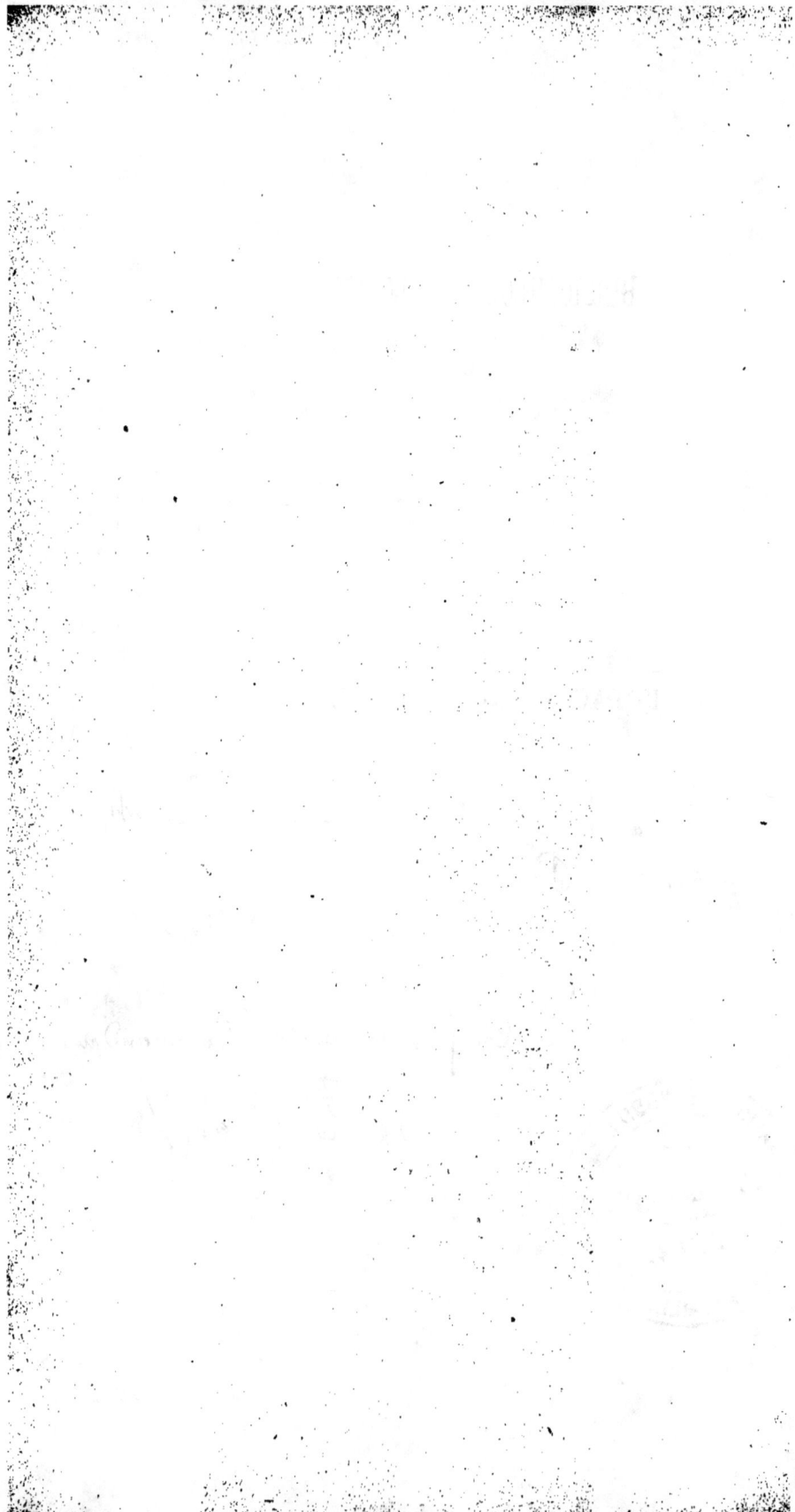

INTRODUCTION

Le temps perdu ne se rattrappe pas.

La garde nationale mobile a été instituée par la loi du 1er février 1868.

Le choix des chefs de bataillon a été l'objet d'un soin tout particulier de S. E. le maréchal Niel, qui espérait beaucoup de cette institution, laquelle, selon lui, devait être un puissant auxilliaire de l'armée, en cas d'invasion, pour la défense du sol national, mais, à la condition, qu'une *instruction suffisante* lui serait donnée SANS RETARD.

Par décret du 31 décembre 1868, ont été nommés chefs de bataillon pour le Calvados.

1er bataillon (Bayeux) le vicomte DE BEAUREPAIRE.

2e bataillon (Caen-Falaise) le vicomte DE THOMAS DE LA BARTHE.

3e bataillon (Lisieux-Pont-l'Evêque) LACROIX.

4e bataillon (Vire) TARDIF DE PÉTIVILLE.

Le 7 janvier 1869, j'ai eu l'honneur d'être présenté à M. le maréchal Niel, qui m'a donné lui-même des instructions détaillées sur la manière dont il entendait le service de la garde mobile.

Je n'oublierai jamais les dernières paroles qu'il m'adressa ce jour là :

« Le pays ne comprendra bien l'utilité de cette insti-
» tution que lorsqu'une grande guerre, qui peut-être n'est
» pas éloignée, avec une puissante nation qui menacera
» l'indépendance de la France, lui en aura fait recon-
» naître la nécessité impérieuse et le besoin pressant. »

Malheureusement, et je considère que c'est un grand malheur pour la France, le maréchal Niel a été emporté par la fatalité avant d'avoir achevé son œuvre.

Deux années se sont écoulées sans que la garde mobile fût organisée.

La guerre est arrivée et nous n'étions pas prêts !

Le 15 juillet 1870 seulement fut envoyé l'ordre de hâter la confection des cadres, ainsi qu'on va le voir par la circulaire ci-après :

1er CORPS D'ARMÉE

—

ÉTAT MAJOR GÉNÉRAL

—

Paris, le 15 juillet 1870.

« Général, j'ai l'honneur de vous informer que je viens
» d'adresser aux généraux commandants les subdivisions
» de la première divison militaire les instructions sui-
» vantes :

» J'ai l'honneur de vous informer que pour hâter le
» plus possible l'organisation de la garde nationale

» mobile dans les départements compris dans mon com-
» mandement, j'ai arrêté les mesures suivantes :

» 1º Les chefs de bataillon sont délégués pour nommer
» immédiatement aux emplois de sous-officiers, caporaux
» et tambours ou clairons dans les compagnies sous
» leurs ordres; si les candidats ne sont pas, pour le
» moment, en nombre suffisant, les chefs de bataillon
» pourvoiront aux divers emplois successivement et au
» fur et à mesure que des ressources se présenteront.

» 2º Vous convoquerez, sur le champ, au chef-lieu du
» département tous les cadres, c'est-à-dire les chefs de
» bataillon, les capitaines et les sous-officiers, caporaux
» et tambours nommés par les chefs de bataillon ; quant
» aux lieutenants et sous-lieutenants, ils ne pourront être
» convoqués qu'après que je les aurai nommés sur vos
» propositions que je vous invite à m'adresser sans délai.

» Dans le cas où, au lieu de réunir tous les gardes
» nationaux mobiles au chef-lieu, vous jugeriez con-
» venable d'opérer cette réunion sur plusieurs points, je
» vous autorise à le faire, mais alors les cadres devraient
» se réunir dans les localités que vous aurez désignées.

» 3º Les localités de réunion une fois désignées, vous
» prescrirez toutes les mesures nécessaires pour l'instal-
» lation des gardes nationaux mobiles qui seront reçus,
» soit dans les casernes libres, soit chez l'habitant (cir-
» culaire ministérielle du 19 juillet).

» 4º Vous me ferez connaître dans le plus bref délai, la
» date du jour que (les cadres se trouvant rassemblés et
» les mesures d'installation étant prises) vous aurez fixé
» pour la convocation du contingent que ces cadres
» doivent recevoir.

» 5o Il me sera adressé immédiatement une situation
» numérique de la garde nationale mobile de votre dépar-
» tement, afin que je puisse demander au ministre de la
» guerre de faire diriger sur le chef-lieu les effets d'habil-
» lement et d'équipement nécessaires.

» 6° Comme il importe que l'instruction des cadres
» soit poussée avec vigueur, vous ferez établir par le
» capitaine-major les demandes de fusils et d'accessoires
« nécessaires à l'armement des sous-officiers et caporaux.

« Je vous prie de vouloir bien donner les ordres pour
» que ces dispositions soient appliquées dans les dépar-
» tements composant la deuxième division militaire.

» Recevez, général...

» Le maréchal de France commandant le 1er corps
» d'armée,

» Pour ordre

» Le général, chef d'état-major général,

» Signé DE CHABRAY. »

Le 29 juillet suivant cette circulaire arriva à destination.

M'inspirant des conseils que j'avais reçus en 1869 du
maréchal Niel et du brave général Colson, son chef de
cabinet, mort depuis au champ d'honneur, et avec lequel
j'avais beaucoup correspondu, je m'efforçai de présenter
des candidats sérieux, pouvant m'aider à instruire rapidement mon bataillon.

C'est à ce moment là que l'on regrettait les deux années

perdues en phrases vides et en récriminations ; — mais le temps perdu ne se rattrape jamais, et l'on ne forme pas des soldats en quinze jours.....

Enfin, ce n'est que le 11 août 1870 que vint l'ordre de convocation dont suit la teneur :

ORDRE.

‹ Le général de division ordonne la convocation à
› aussi bref délai que possible des cadres de la garde
› nationale mobile.

› M. le général, commandant la subdivision, prendra
› les mesures nécessaires et fixera les lieux de réunion,
› d'après les facilités qu'ils présentent, tant pour la rapi-
› dité de la concentration que pour la distribution des
› effets d'habillement et de l'armement.

› Pour exécution de cet ordre le général de brigade
› décide :

› 1º Que tous les cadres seront convoqués pour le
› 15 août courant, dans les localités ci-après :

› Les cadres des 1er et 4e bataillon à Caen.

› Ceux   du 2e   —   à Lisieux.

› Ceux   du 3e   —   à Bayeux.

› 2º MM. les chefs de bataillon donneront des ordres
› d'urgence pour la convocation de tous leurs cadres dans
› les localités ci-dessus désignées.

› Les états nominatifs des sous-officiers, caporaux et
› tambours ou clairons de leur bataillon seront adressés
› sans délai au général commandant la subdivision afin
› que le capitaine - major puisse envoyer un ordre

» d'appel à ceux qui font partie de la garde nationale
» mobile.

 » Caen, le 11 août 1870.

 » Le général commandant la subdivision du Calvados,

   » Signé LEFEBVRE.

 » Lisieux, le 15 août 1870.

    » A. DeLACROIX. »

CHAPITRE 1er.

Formation du 3e Bataillon — Bayeux.

OFFICIERS

Nos des Cies.	GRADES	NOMS.	OBSERVATIONS.
	Ch. de Bon	LACROIX.............	Ex-Cap. Ct. de Sap.-Pompiers.
1re.	Capitaine..	REYNAUD ✻........	Cap. au 21e de Ligne.
	Lieutent...	ANTHOINE...........	Garde mobile.
	S.-Lieutt..	FRAPPIER...........	Id.
2e.	Capitaine..	MOUCHEL ✻	Ex-Sous-Officier de Cavalerie.
	Lieutent...	GUILLARD	Id.
	S.-Lieutt..	VACHER.............	Garde mobile.
3e.	Capitaine..	DELANNAY	Ex-Lieut. de Sap.Pompiers.
	Lieutent...	LEROY	Ex-Sous-Officier de Zouaves.
	S.-Lieutt..	BIGOT	Garde mobile.
4e.	Capitaine..	GROUALLE ✻.....	Capitaine au 21e de Ligne.
	Lieutent...	CLAUSIER...........	Engagé volontaire.
	S.-Lieutt..	LEBRET.............	Garde mobile.
5e.	Capitaine..	MORIN..............	Ex-Lieut. de Sap.-Pompiers.
	Lieutent...	LEPOISSONNIER..	Garde mobile.
	S.-Lieutt..	LABBÉ...............	Id.
6e.	Capitaine..	SUSBIELLE ✻.....	Capitaine au 21e de Ligne.
	Lieutent...	JOUVET.............	Garde mobile.
	S.-Lieutt..	ROUX	Id.
7e.	Capitaine..	GOUYE	Ex-Lieut. au 33e de Ligne.
	Lieutent...	MOISY...............	Garde mobile.
	S.-Lieutt..	BLOTIÈRE...........	Id.
8e.	Capitaine..	LECORRE ✻........	Capitaine au 21e de Ligne.
	Lieutent...	LE GOUESLIER D'ARGENCES, Garde mobile.	
	S.-Lieutt..	AMIARD.............	Engagé volontaire.

Chirurgn. Aide-Major NICOLLE....... | Garde mobile.

SOUS-OFFICIERS

Nos des Cies.	GRADES.	NOMS.	OBSERVATIONS.
1re.	Adj. S.-Offi.	SOMON	Ex-Adj. S.-Offic. au 1er de ligne
	Serg.-Maj...	VATTIER	Ex-Serg.-Maj. au 75e.
	Serg.-Inst..	LEROUX	Ex-S.-Offic. au 93e.
2e.	Serg.-Maj...	GARNIER	Ex-S.-Offic. au 51e.
	Serg.-Inst..	DOUBLET	Id. au 23e.
3e.	Serg.-Maj...	JEAN DE COLBERT.	Engagé volontaire.
	Serg.-Inst..	THOUROUDE.......	Ancien militaire.
4e.	Serg.-Maj...	HÉBERT	Ex-S.-Offic. au 83e.
	Serg.-Inst..	ARMANSIN	Ex-S.-Of. aux Gren. de la Garde
5e.	Serg.-Maj...	MANOURY	Ex-Serg.-Maj. au 19e.
	Serg.-Inst..	»	
6e.	Serg.-Maj...	THOLER	Ex-S.-Offic. de Cavalerie.
	Serg.-Inst..	»	
7e.	Serg.-Maj...	FLOOCH	Ex-S.-Offic. de Marine.
	Serg.-Inst..	HÉLÈNE	id. au 92e.
8e.	Serg.-Maj...	DAVID	Garde mobile.
	Serg.-Inst..	SAGEY	Ex-S.-Offic. au 21e.

La seule lecture des deux tableaux qui précèdent suffit pour faire voir que les cadres du troisième bataillon ont été formés avec le plus grand soin.

Il est bon d'ajouter que ceux des officiers et sous-officiers indiqués comme n'ayant pas servi, avaient été obligés, avant leur nomination, de faire partie, pendant plusieurs mois, d'un peloton d'instruction, créé à Lisieux par le commandant Lacroix, et où ils avaient appris l'école de soldat et l'école de peloton.

C'est ce même peloton qui a fourni les sous-officiers et caporaux nommés plus tard.

AOUT·

Le 15, le commandant Lacroix a quitté Lisieux pour se rendre à Bayeux, avec ses officiers et sous-officiers, afin de préparer les logements pour la troupe.

Pour développer l'esprit de corps le commandant décide que les officiers prendront leur pension ensemble et qu'un café spécial sera désigné pour leur usage.

La même décision est prise à l'égard des sous-officiers.

Le 19, a lieu à Caen la formation du bataillon ; — à 10 heures du matin, M. Gimet, préfet du Calvados, procède à la reconnaissance du commandant, lequel à son tour fait reconnaître ses officiers.

A 5 heures du soir le bataillon part en chemin de fer pour Bayeux où il arrive à 7 heures.

Le lendemain, dimanche 20, après l'appel du matin, à 5 heures, on procède à la formation des compagnies, à l'organisation des divisions, sections, escouades.

Une compagnie logée au séminaire et trois autres à la caserne, vivent à l'ordinaire ; les autres compagnies logent en ville.

Deux postes de police sont établis, l'un à la caserne et l'autre à l'hôtel-de-ville.

ORDRE DE SERVICE JOURNALIER.

Le 21. — Appel, 6 heures précises du matin.
Exercice jusqu'à 9 heures.

A 9 heures rapport chez le commandant, à l'hôtel du Luxembourg.

10 heures, déjeuner de MM. les officiers.

12 heures, école d'intonation, — instruction sur le service des places et le service en campagne, pour MM. les officiers.

1 heure de relevée, théorie aux sous-officiers ; — on prépare la leçon du soir.

De 2 heures à 5 heures exercice pour le bataillon.

A 5 heures, distribution du pain et défilé de la garde.

8 heures et demie, retraite. — Marche militaire le jeudi et le dimanche.

Le 26. — Distribution des armes.

Le 29. — Distribution aux cadres, à 5 heures, après l'exercice, d'effets d'habillement, képis, tuniques, pantalons.

Le 30. — Mise à l'ordre de la nomination de M. le vicomte de Beaurepaire, nommé lieutenant-colonel, commandant du 15e régiment de marche, composé des 1er, 2e et 3e bataillons du Calvados.

Formation d'un atelier de douze armuriers, pris dans les diverses compagnies du bataillon, pour faire, sous la direction de MM. Aumont et Jeanne, armuriers de Bayeux, les réparations nécessaires aux armes distribuées.

Ce sont des fusils à tabatière, sortant des ateliers de l'Etat, mais qui après leur transformation n'avaient pas été vérifiés.

Ces armes ont été mises en état rapidement et à bon marché, grâce à la création de l'atelier ci-dessus. On s'est, du reste, en cela conformé aux prescriptions ministérielles.

Le 31. — Distribution de blouses à 5 heures.

Revue d'effectif du bataillon.

SEPTEMBRE

Le 5. — Décision ministérielle du 26 août qui décide qu'une compagnie par bataillon, dans chaque régiment, formera le dépôt ; — les 7ᵉ compagnies des trois premiers bataillons sont désignées à cet effet pour former le dépôt sous les ordres de M. le capitaine Gouye.

Le 8. — Circulaire de M. le ministre de la guerre qui décide que les officiers qui donneraient leur démission, seraient révoqués de leurs fonctions, sans préjudice des obligations auxquelles ils resteraient soumis, selon leur âge, au point de vue du service, et qu'ils seraient remis comme simples soldats, soit dans l'armée active, soit dans la garde mobile, soit dans la garde nationale sédentaire.

M. Jeanne-Deslandes, sergent à la 3ᵉ compagnie, engagé volontaire, est nommé sous-lieutenant à la 4ᵉ compagnie du 2ᵉ bataillon.

Le 12. — Sur la demande des commandants de compagnie, les effectifs des compagnies sont égalisés et portés en moyenne à 169 hommes chacune. — Distributions diverses.

Le 17. — Le sergent-major Garnier, de la 2ᵉ compagnie, passe adjudant sous-officier, en remplacement de l'adjudant Somon, dont la démission est acceptée.

Le 24. — M. Anthoine, lieutenant à la 1ʳᵉ compagnie est nommé capitaine à la même compagnie, en remplacement de M. le capitaine Reynaud, qui passe chef de bataillon, au 1ᵉʳ bataillon.

Le 27. — Distribution au bataillon de la circulaire du ministre de la guerre, en date du 21 septembre. Il en est remis un exemplaire au sergent-major et aux quatre sergents de chaque compagnie.

MM. les commandants donnent au sujet de cette circulaire toutes les explications nécessaires pour que tout le monde se pénètre bien du service que l'on attend de la garde mobile pour la défense du pays.

M. le baron de Cussy, sous-lieutenant au 1er bataillon, est nommé lieutenant à la 1re compagnie du 3e bataillon, en remplacement de M. Anthoine, passé capitaine.

Le 28. — Inspection du bataillon par M. le lieutenant-colonel de Beaurepaire, qui, avant son départ, exprime au corps d'officiers sa satisfaction pour la bonne tenue du bataillon.

Le 7 octobre, le 3e bataillon procède au tir à la cible.

CHAPITRE II

———

Le 7. — En vertu d'une dépêche du général Lefebvre, commandant la subdivision à Caen, et du lieutenant-colonel de Beaurepaire, le 3ᵉ bataillon part de Bayeux, à 7 heures du matin, pour se rendre à Caen, où l'on doit toucher le complément de l'équipement et le campement.

A l'arrivée du train à Caen, le commandant reçoit l'ordre de continuer jusqu'à Lisieux.

A la station de Mesnil-Mauger, le chef de gare remet au commandant l'ordre suivant :

« Caen, le 7 octobre 1870.

» Mon cher commandant,

» Vous continuerez votre route avec votre bataillon
» jusqu'à Conches, d'où vous vous rendrez à pied à

2

» Evreux, pour vous mettre à la disposition de M. le
» colonel de Cassaigne, commandant le département de
» l'Eure.

» Vous recevrez à votre passage à Caen les mobiles
» ouvriers Delasalle, Hayot et autres, qui reçoivent ce
» matin les effets de toute nature qui leur sont néces-
» saires ainsi que 60 cartouches.

» L'officier d'habillement a reçu l'ordre de se trouver
» à la gare de Caen lors de votre passage, il vous remettra
» contre un récépissé, les munitions et les effets d'habil-
» lement; de grand et de petit équipement et d'armement
» nécessaires au complément de votre bataillon.

» Ces quantités seront vérifiées ce matin par votre
» officier envoyé pour le casernement qui signera la
» livraison que vous devrez approuver ; les bons réguliers
» seront envoyés sans retard à M. le capitaine-major.

» La compagnie de dépôt prendra provisoirement son
» casernement à Vaucelles.

» Je vous rappelle que vous devrez demander au maire
» de Conches une réquisition pour les voitures nécessaires
» au transport des colis.

» Recevez, mon cher commandant, l'assurance de mes
» sentiments affectueux.

» Le général commandant la subdivision du Calvados,

» Signé LEFEBVRE. »

Arrivé à Conches, le train continue jusqu'à Evreux, où
le 3ᵉ bataillon, arrivé à 6 heures et demie, opérait sa

jonction avec les 1er et 2e bataillons, arrivés dans la journée.

Le 15e régiment de marche se trouve donc alors, pour la première fois, réuni sous les ordres de son lieutenant-colonel.

Le 8. — Après la distribution du pain, qui a eu lieu à 6 heures du matin, le 3e bataillon se rend à la gare pour toucher 60 cartouches par homme, puis delà il part pour Pacy où il va rejoindre les deux autres bataillons.

La 4e compagnie, capitaine Groualle, est envoyée de grand'garde sur les hauteurs qui avoisinent la route d'Ivry-la-Bataille et sur l'emplacement où les prussiens, partis de la veille, avaient eux-mêmes mis leur grand'garde.

On remarquera ici que le 15e de marche entre en campagne sans avoir touché ses effets de campement.

Le lendemain, à 5 heures du matin, le 3e bataillon se rend à Merey, où se trouve M. le colonel Cassaigne, commandant la subdivision de l'Eure.

Arrivé à 8 heures du matin, le 3e bataillon reçoit l'ordre de repartir de suite pour aller prendre position à la Boissière, Serez-les-Bois et Bretagnolles, pour se replier au besoin à Epieds avec le 2e bataillon, où le lieutenant-colonel a son quartier général, — quant au 1er bataillon, il va occuper Neuilly.

Conformément à l'ordre qui précède, le 3e bataillon se dirige vers les positions ci-dessus indiquées, qu'il occupe de la manière suivante :

1o La Boissière, par les 5e et 8e compagnies, sous les ordres du capitaine Lecorre.

2o Bretagnolles, par les 1re et 2e compagnies, sous les ordres du capitaine Mouchel.

3o Serez, par les 3ᵉ, 4ᵉ et 6ᵉ compagnies. — C'est là que le commandant établit son quartier général, chez le maire.

On n'arrive à ces diverses positions qu'à trois heures de l'après-midi, sans avoir déjeuné et n'ayant ni pain ni vivres. Mais grâce aux mesures énergiques prises par le commandant et à la bienveillance du maire de Serez et des habitants, le bataillon se trouve promptement ravitaillé pour deux jours.

Le lendemain, à 6 heures du matin, le 3ᵉ bataillon reçoit l'ordre de partir à 8 heures pour aller prendre position à la Couture, Ivry-la-Bataille et la Garenne, — le 1ᵉʳ bataillon devant rester à Neuilly et le 2ᵉ devant aller occuper Bois-le-Chêne et l'Habit.

Mais le même jour l'ordre est changé et fixé ainsi :

Le 2ᵉ bataillon ira coucher à Saint-Georges, à quatre kilomètres de Dreux.

Le 1ᵉʳ bataillon se rendra à Anet.

Le 3ᵉ bataillon fera séjour à Ivry-la-Bataille avec le lieutenant-colonel, pour partir le lendemain au point du jour pour Marchefroy et Berchère qu'il occupera, pour se diriger ensuite sur Houdan ou Dreux, selon les circonstances.

A l'arrivée du 15ᵉ à Ivry une collation lui a été gracieusement offerte par l'administration municipale sur la place de l'Hôtel-de-Ville, où des tables avaient été dressées à cet effet (1).

_____

(1) Cette petite ville est célèbre dans l'histoire de Normandie par la bataille qu'en 1590 Henri IV gagna sur le duc de Mayenne, dans les circonstances suivantes :

Le dernier jour de février 1590, Henri IV voulant se rendre maître

Le 11, à 3 heures du matin, M. le lieutenant-colonel de Beaurepaire, entre précipitamment chez le commandant Lacroix et lui donne l'ordre de partir, à l'instant, le plus rapidement possible, pour Saint-Georges, afin de porter secours au 2ᵉ bataillon, qui doit être aux prises avec l'ennemi, qui se serait emparé de Dreux, après avoir brûlé Chérisy, du côté duquel on aperçoit des flammes et de la fumée.

Le 1ᵉʳ bataillon, qu'on a envoyé prévenir, rejoint le 3ᵉ à Croth, et tous deux opèrent leur jonction à Saint-Georges avec le 2ᵉ, qui n'est nullement aux prises avec l'ennemi, dont on n'aperçoit nulle trace.

Sur l'ordre du lieutenant-colonel, deux compagnies de chaque bataillon sont rapidement déployées en tirailleurs sur les hauteurs qui dominent Dreux, le reste du régiment suit le mouvement, et à 2 heures, le 15ᵉ régiment, lieutenant-colonel en tête, fait son entrée à Dreux, qui, disait-on, s'était rendu la veille aux prussiens ; lesquels, le jour même, devaient venir, à trois heures, toucher une somme de 150,000 fr. qui leur aurait été promise par l'administration municipale, effrayée par l'incendie de Chérisy, village situé à trois kilomètres, route de Houdan, et dont les prussiens avaient, deux jours auparavant, brûlé trente maisons à l'aide du pétrole, sans pitié pour les prières et

du chemin de Chartres à Paris, mit le siège devant Dreux, défendu par 500 hommes d'infanterie et 200 cavaliers, sous le commandement des seigneurs de Falandre et Laviette. Le 3 mars, la brèche est ouverte, l'assaut dure toute la journée ; le roi perd 200 hommes et deux capitaines. La brèche est réparée à la hâte par les assiégés, et la ville reste imprenable. — Henri IV fait alors aux habitants des propositions magnifiques et ne reçoit qu'un refus. — Instruit de l'approche du duc de Mayenne qui venait au secours de Dreux, il décampe aussitôt, court à sa rencontre et gagna la bataille d'Ivry.

les larmes des pauvres et inoffensifs habitants de ce village, qui sont brutalement repoussés et maltraités par ces ignobles et sauvages bandits.

Le soir, à 5 heures, la 5ᵉ compagnie, capitaine Morin, est envoyée de grand'garde au Buisson, à trois kilomètres de Dreux (1).

Il est juste de dire, que l'administration de la ville de Dreux et tous les habitants, ont fait le meilleur accueil possible au 15ᵉ régiment. — Il n'y a pas eu besoin de faire délivrer de billets de logement, — en peu de temps tout le monde a été logé chez les habitants de cette cité hospitalière.

On a reproché à l'administration de Dreux d'avoir manqué d'énergie, et d'avoir transigé avec l'ennemi, pour éviter le pillage et l'incendie de la ville.

Cela n'était peut-être pas sans raison ; car, Dreux, ville ouverte, bâtie dans le fonds d'une vallée profonde, n'était pas défendable, c'est du reste l'avis des hommes compétents et connaissant parfaitement le pays, — du reste les événements ont justifié cette opinion, ainsi qu'on le verra plus tard.

Le lendemain, M. le général en chef Fierec, arrivé du

(1) Dreux est une sous-préfecture de l'Eure-et-Loir. Il renferme 6,300 habitants.

On sait que le domaine de Dreux, devenu dans le dernier siècle un apanage de la famille d'Orléans, lui appartient encore : c'est là qu'elle a fixé le lieu de sa sépulture, dans une chapelle magnifique, dont les vitraux font l'admiration des amateurs.

La ville est gracieusement assise au penchant d'un coteau, dans un pays pittoresque et qui rappelle le Perche, bien que très-voisin de la Beauce. Parmi les hommes célèbres qu'elle a vus naître, on cite le poète Jean Rotrou et Clément Metezeau, auquel on doit la galerie du vieux Louvre. C'est de lui que vient le nom de Metezeau donné à la principale place publique de cette ville.

Mans inopinément le matin, passe à midi la revue du 15e régiment.

Le 13, la 1re compagnie, capitaine Anthoine, reçoit l'ordre de se rendre à Maintenon, pour escorter une demi-batterie d'artillerie se rendant dans cette localité, — le reste de la batterie commandée par le lieutenant Masson reste à Dreux (1).

A une heure, après la revue, le 3e bataillon va en reconnaissance à Chérisy, qui se trouve à deux lieues de Houdan occupé par les prussiens. — Arrivé dans la campagne le bataillon se déploie en tirailleurs, faisant les déploiements au pas accéléré et les ralliements au pas gymnastique. — à 5 heures il rentre à Dreux, sans avoir rencontré l'ennemi.

Après le défilé de la garde, le 14, à midi, le 3e bataillon part de Dreux, en reconnaissance militaire, par la route de Nogent-le-Roi, prend la route de Rambouillet en passant par Mézières et La Chapelle, se dirige sur Brouë et vient faire sa jonction à Marolles, à un kilomètre de Houdan, avec les deux autres bataillons, avec lesquels il rentre à Dreux à 7 heures et demie du soir.

Le 15, de midi à 5 heures, le 3e bataillon est envoyé au Buisson faire l'école de tirailleurs.

Le 16, qui se trouvait un dimanche, après l'appel de sept heures, messe militaire, — à midi inspection, passée par le lieutenant colonel, — distribution de 100 couvertures et de quelques paires de chaussures et de guêtres.

Le 17. — Par ordre du lieutenant colonel, il est formé

(1) Cet officier, qui, après avoir fait honorablement toute la campagne, avait été nommé capitaine et décoré, est venu se faire tuer à Versailles par les balles fraticides des insurgés de Paris.

une colonne mobile, composé : 1o des batailons les plus instruits, les premiers prêts à marcher, c'est-à-dire, les 1er bataillon, commandant Reynaud, et le 3e bataillon, commandant Lacroix ; 2o de 40 francs-tireurs qui sont ceux du lieutenant Thyonnet; 3o et de 2 brigades de gendarmerie à cheval, pour servir d'éclaireurs, — cette colonne mobile est mise sous les ordres du commandant Lacroix, le plus ancien des deux chefs de bataillon.

Ce même jour 17, on envoie par le chemin de fer, dans un train blindé, deux compagnies du 3e bataillon, la 3e, capitaine Delanney, et la 4e, capitaine Groualle, à Goussainville, pour se mettre en embuscade dans une ferme isolée près de laquelle passaient souvent les cavaliers prussiens occupant Houdan. Cette ferme est située à un kilomètre et demi de Houdan. Mais ce jour là, les prussiens ne vinrent point. Le capitaine Groualle qui commandait ce détachement, envoya le lendemain matin, en reconnaissance vers Houdan, le lieutenant Clausier de la 4e compagnie, qui remplissait alors les fonctions d'adjudant-major du 3e bataillon. Cet officier, s'est acquitté de sa mission parfaitement. Il est même allé seul, à cheval, jusqu'à la mairie de Houdan, où le maire de cette localité lui annonça que l'escadron de uhlans, qui occupait habituellement cette localité était parti la veille du côté de Versailles.

Le détachement revint alors à pied à Dreux, où il arriva vers 5 heures de relevée.

Le 18, à six heures du matin, un espion prussien, pris par les 3e et 4e compagnie à Goussainville, est fusillé en présence de la garnison, après avoir été jugé par la Cour martiale.

A midi, après le défilé de la garde, le 3e bataillon part en reconnaissance pour Villemeu, route de Nogent-le-Roi, à 10 kilomètres de Dreux, sous les ordres du capitaine Lecorre, le commandant étant retenu à Dreux pour s'occuper de l'instruction des affaires de la Cour martiale dont il était spécialement chargé.

Les grand'gardes amenaient tous les jours un grand nombre de gens suspects, la plupart repris de justice, forcats libérés, ce sont ces gens, sans nationalité, dont se servaient lés prussiens pour espionner le pays.

Le même jour, vers quatre heures du soir, M. le lieutenant colonel de Beaurepaire, étant monté sur le dôme de la chapelle de Dreux, afin de découvrir les opérations de l'ennemi dont l'approche venait d'être signalée du côté de Cherisy, un chassis mal établi se rompit sous ses pieds, et il tomba d'une hauteur de plus 30 mètres dans le chœur de l'église, au pied de l'autel, où il fut tué sur le coup.

Le lendemain eut lieu l'inhumation du lieutenant colonel de Beaurepaire. Le commandant de La Barthe, du 2e bataillon, prit le commandement du régiment, étant le plus ancien des commandants.

Le 21. — Des colonnes ennemies, plus fortes que de coutume, ayant été signalées route de Houdan et de Nogent-le-Roi, les grand'gardes furent doublées. Un factionnaire avancé du côté de Cherisy fut trouvé mort le matin à son poste, la tête fendue en deux d'un coup de sabre; ce malheureux était du 1er bataillon.

A midi, le 3e bataillon va sur le plateau, derrière la caserne, où il s'exerce à former le carré contre la cavalerie, par bataillon, demi-bataillon et division.

Le 22, à deux heures du matin, d'après les ordres du commandant de La Barthe, la colonne quitte Dreux pour aller prendre position à Nonancourt.

Mais, le lendemain 23, on rentre à Dreux, où l'on arrive à trois heures du soir, à la grande satisfaction des habitants qui nous avaient vus partir avec regret.

Le 24, M. Félix Dutemple, capitaine de vaisseau, est alors envoyé à Dreux, pour prendre le commandement des troupes qui se composent alors :

1o Du 15ᵉ régiment de marche ;

2o Des 2ᵉ et 3ᵉ bataillon de la Manche ;

3o 1ᵉʳ et 2ᵉ Bataillons du Lot-et-Garonne ;

4o Un bataillon de marins ;

5o Une batterie de 4.

A trois heures de relevée, par ordre de M. le lieutenant colonel Dutemple, commandant supérieur, le 1ᵉʳ bataillon, commandant Reynaud, est envoyé route de Chartres, pour occuper la ferme de Lépinay.

A cinq heures, le commandant Reynaud envoie prévenir le lieutenant colonel Dutemple, que l'ennemi, avec de l'infanterie, cavalerie et artillerie, venait de prendre position, pour camper à une lieue et demie de Dreux, dans le but probable de surprendre la garnison au point du jour.

M. le lieutenant colonel Dutemple donna de suite l'ordre de prévenir toutes les troupes de la place. A six heures, toutes les troupes se trouvant réunies, la colonne se met en route pour se diriger vers l'ennemi, par la route de Chateauneuf, sous les ordres et le commandement de M. le lieutenant colonel Dutemple, ayant M. le commandant de La Barthe, pour chef d'état-major.

Voici l'ordre de marche :

2e bataillon, commandant de La Barthe;

3e bataillon, commandant Lacroix ;

3e bataillon de la Manche, commandant de St-Marie;

L'artillerie;

Bataillon de marins ;

1er et 2e bataillons du Lot-et-Garonne;

Trois compagnies de francs-tireurs ;

Et enfin 40 gendarmes à cheval, sous les ordres du capitaine Velly.

Le tout formant environ 8,000 hommes.

La route avait été préliminairement éclairée par les gendarmes, qui n'avaient rien vu de suspect.

Arrivés au haut de la côte, à la jonction des routes de Chartres et de Chateauneuf, M. le lieutenant colonel Dutemple fait arrêter la colonne et transmettre, par son chef d'état-major, M. le commandant de La Barthe, l'ordre suivant :

« On va mettre sac à terre, puis continuer à marcher en silence, jusqu'à l'ennemi qui est peu nombreux ; au premier feu de ce dernier, on répondra par un seul coup de fusil et on abordera à la baïonnette. »

Au moment où l'on donnait cet ordre, un cabriolet vint à passer. — On ne songea pas à l'arrêter. — Quand il eût dépassé la tête de la colonne, il partit au galop par la route de Châteauneuf, dans la direction de l'ennemi, qu'on supposait à une lieue de là, d'après le rapport des éclaireurs.

On se mit en marche, vers 7 h. 1/2, après avoir mis sac à terre, comme le prescrivait l'ordre, tout le monde paraissait bien déterminé à faire son devoir. — A ce moment le ciel était en feu. — Une magnifique aurore boréale colorait l'horizon qui paraissait en feu. — Il y avait du sang dans l'air...

Après une demi-heure de marche, la colonne arriva au village de Tréon où se trouve une maison isolée, en face de laquelle se trouve un petit bois. — Nous aperçûmes alors une fusée qui venait d'être lancée à l'extrémité du bois, du côté de Châteauneuf. Au même instant, des fenêtres de la maison et de l'intérieur du bois, l'ennemi commença le feu qui s'ouvrit à bout portant sur le 3ᵉ bataillon.

Au premier feu de peloton, le commandant Lacroix a été renversé avec son cheval dans le fossé de la route; le cheval a été tué frappé de huit balles; quant au commandant, il n'a reçu que deux contusions aux reins et aux deux poignets.

On a vivement répondu au feu de l'ennemi qui a été délogé de sa position et qui s'est retiré sur Chartres, après avoir exécuté sur la colonne deux feux de régiment successifs, parfaitement exécutés et avec un ensemble remarquable, lesquels heureusement ont fait peu de victimes, la troupe ayant reçu l'ordre de se coucher à terre.

Après 25 à 30 minutes de combat dans les ténèbres, car il faisait nuit noire, les Prussiens se sont retirés vers Chartres, et la colonne est rentrée à Dreux, vers onze heures du soir.

Comme on le voit, nous allions pour surprendre l'ennemi, et c'est nous qui avons été surpris.

Il est probable et à peu près certain que l'homme au cabriolet qu'on avait laissé passer, n'était autre qu'un espion prussien, qui avait prévenu l'ennemi de l'arrivée et des dispositions de notre colonne d'attaque.

On a appris depuis, par les habitants de la maison, qu'ils n'avaient pu nous prévenir de la présence des Prussiens, par lesquels ils étaient gardés à vue, avec menace de leur brûler la cervelle au moindre geste de leur part.

ÉTAT des Blessés, Tués, Disparus du 3ᵉ Bataillon, dans la nuit du 24 Octobre.

	COMPAGNIES	NOMS ET PRÉNOMS	GRADES	BLESSÉS	DISPARUS ET TUÉS	OBSERVATIONS
1		Je LACROIX.................	Chef de Bᵒⁿ	2 Contusions aux reins et aux poignets.		A un cheval tué sous lui, frappé de 8 balles; n'a pas quitté son service.
2	2ᵉ	VACHIER....	Sous-Lieut.	1 Blessure derrière la tête.		N'a pas quitté son service.
3	2ᵉ	VERRIER....................	Garde......		Disparu.	
4	3ᵉ	DE LA ROUVRAYE......	Sergent.....	1 Balle à la cuisse.		
5	3ᵉ	PEULEVEY	Caporal	1 Epaule cassée.	Mort.	
6	3ᵉ	LEREBOURS..............	Garde..... .	Blessure légère.		
7	3ᵉ	GAGNIÉ...................	Id.	Id.		
8	3ᵉ	LECOMTE.................	Id.	Id.		
9	3ᵉ	DROÜIN	Id.		Mort.	
10	6ᵉ	FERREY	Id.		Id.	
11	6ᵉ	JEANNE dit LELOUP....	Id.	1 Balle dans la cuisse.		
12	6ᵉ	RENAULT.................	Id.	1 Id. dans la bouche.		
13	6ᵉ	GRIÈRE....................	Id.	1 Id. dans l'aine.		
14	8ᵉ	LECORRE..................	Caporal....	2 Bles. à la main et au gen.		N'a pas quitté son service.
15	8ᵉ	DAJOU....................	Garde.....	1 Bles. légère à la jambe.		Id.
16	8ᵉ	LEROY....................	Id.	1 Epaule cassée.		Amputé du bras gauche.
17	8ᵉ	TAILLEPIED..............	Id.	1 Blessure légère.		

Le lendemain 25, à deux heures du matin, la garnison, sous les ordres du lieutenant-colonel Du Temple, quitte Dreux pour aller prendre position à Saint-André, où l'on arrive vers 11 heures du matin. On y séjourne jusqu'au 26.

Le 27, le 15e de marche, avec le 3e bataillon de la Manche et la demi batterie d'artillerie, prennent la route de Nonancourt, vers 10 heures du matin, pour aller occuper les positions suivantes :

Le 1er bataillon occupe Nonancourt, dont il garde les positions sur les hauteurs de la rive droite de la vallée de l'Orne.

Le 3e bataillon va occuper les hauteurs de St-Germain-sur-Avre, faisant suite à la ligne occupée par le 1er bataillon.

Quant au 2e bataillon, avec le reste de la colonne, il va occuper Louye.

Toutes ces positions ont été gardées jusqu'au 29 au matin.

Le 28, à 9 heures du soir, le commandant Lacroix reçoit l'ordre suivant :

« Le commandant Lacroix, du 3e bataillon du Calvados, se disposera à quitter son poste pour se replier avec la colonne sur Verneuil. Il retirera ses grand'gardes et ses avant-postes demain matin, tout en gardant les hauteurs du côté de l'Orne où nous nous trouvons. Il se portera vers 7 heures 1/2 ou 8 heures au plus tard sur les hauteurs, sur la route qui part de Louye à Nonancourt, sans descendre dans la vallée de l'Avre et attendra la colonne.

» Le commandant de la ligne de l'Avre,

» Signé : F. Du Temple.

Le 29, à 8 heures précises du matin, le 3e bataillon était en position sur la route indiquée, où il a attendu la colonne jusqu'à 1 heure 1/2 de relevée. A cette heure, est arrivé M. le lieutenant-colonel Du Temple avec ses troupes et il a donné l'ordre au 1er et au 3e bataillons de se diriger immédiatement sur Verneuil, sans arrêter.

Ces deux bataillons, sous les ordres du commandant Lacroix, sont arrivés à Verneuil à 7 heures du soir. Ils n'avaient pas encore déjeuné. Ils y ont séjourné le lendemain 30; et le 31, sur l'ordre formel du lieutenant-colonel Du Temple, les 1er et 3e bataillons ont dû quitter Verneuil à 5 heures du matin, sous une pluie battante, pour se rendre à la Ferté-Vidame, où ils sont arrivés à 9 heures du matin.

Le reste de la colonne est resté à Verneuil.

Le même jour, après l'appel de midi, le 3e bataillon a procédé à la distribution de divers effets d'habillement et d'équipement, qui étaient en route depuis trois semaines.

NOVEMBRE

Le 1er novembre, par ordre de M. le lieutenant-colonel de la Marlière, commandant la place de la Ferté-Vidame, le 3e bataillon est allé occuper en forêt les positions suivantes :

1o Les Trois-Pierres, 1re sect. 1re comp. cap. Anthoine.

2o Les Puisayes, 3e sect. 3e comp. cap. Delanney.

    Ces deux positions route de Senonche.

3o Les Rableux, 2e sect. 1re comp. lieut. de Cussy.

4o La Soret et la Bouzardière, 2e comp. lieut. Guillard.

    Ces deux positions route de Verneuil.

5o La Mancelière, 4e comp., cap. Groualle.

   —   2e sect., 5e comp., lieut. Lepoissonnier.

6o Les Bois-Verts, 1re sect., 6e comp., lieut. Jouvet.

7o Les Chatelets, 1re sect., 5e comp., cap. Morin.

8o La Saucelle, 8e comp., cap. Lecorre.

   —   2e sect., 6e comp., sous-lieut. Roux.

Ces postes ont été conservés pendant quarante-huit heures, jusqu'au 3, où le 3e bataillon est relevé par un bataillon d'Eure-et-Loir.

Le 4, après l'appel de 7 heures, le 3e bataillon procède à la distribution de divers effets d'habillement et de campement et de deux jours de vivres.

A 3 heures, le bataillon prend les armes pour faire jusqu'à 5 heures une marche militaire prescrite par le réglement.

Le 5. — Distribution supplémentaire et manœuvres d'infanterie. Ce même jour, dans l'après-midi, arrivent à la Ferté-Vidame les francs-tireurs de Lisieux, commandés par le capitaine Fresnel.

Le dimanche 6. — Inspection du bataillon après l'appel du matin; — l'après-midi, repos.

Le 7. — Inspection spéciale du paquetage passée le matin par le commandant.

A dix heures et demie, le commandant monte à cheval avec son adjudant-major, pour se rendre avec le lieutenant colonel au-devant de M. le général de Malherbe, qui vient de Verneuil, pour passer l'inspection des troupes de la Ferté-Vidame. Le général arrive à onze heures et demie et passe la revue des troupes de la place qu'il félicite sur leur excellente tenue.

Après la revue, le 3e bataillon se rend au parc, où il exécute divers mouvements de l'école de bataillon.

3

Le 8, par ordre du lieutenant-colonel de la Marlière, le 3ᵉ bataillon part pour aller camper dans la forêt et occuper les positions suivantes :

Lasaucelle, 1ʳᵉ et 2ᵉ compagnies. — Une section à la Commanderie, le reste à Lasaucelle ;

Lapuisaye, 3ᵉ, 4ᵉ et 5ᵉ compagnies. — Une section au Boulay, une section à Gervenne et deux compagnies aux Puisayes ;

Les Ressuintes, 4ᵉ, 6ᵉ et 8ᵉ compagnies. — Une section à Prebourg, le reste aux Ressuintes.

Le lendemain 9, le lieutenant-colonel et le commandant Lacroix montent à cheval à midi, pour aller en forêt visiter tous les postes. Ils ne rentrent à la Ferté qu'à sept heures et demie du soir.

Le 10, distribution de vivres pour quatre jours. On distribue aux divers postes, par ordre du commandant, l'instruction suivante, pour la lire et expliquer aux soldats par escouade :

1º GRAND'GARDES

» Les grand'gardes sont destinées pour protéger le campement ou le cantonnemeut d'un corps de troupes, pour avertir à temps de l'approche de l'ennemi. Elles doivent être placées à une assez grande distance du corps, variant suivant son importance.

» Une grand'garde considérable doit avoir des grand'gardes c'est-à-dire une partie de la grand'garde debout ou assise et en avant de la grand'garde principale. Au commencement du jour et à la tombée de la nuit, le chef de la grand'garde doit envoyer à droite, à gauche et en avant, une reconnaissance, composée de quatre hommes et un caporal au plus, suivant l'importance du corps, pour s'assurer de la position de l'ennemi, où pour s'assurer qu'il ne s'est pas approché. Comme les grand'gardes doivent entourer le corps de troupes principales, les petites reconnaissances envoyées à droite et à gauche, doivent aller prendre langue avec celles des grand'gardes voisines, surtout si les sentinelles de l'une ou de l'autre ne peuvent se correspondre. On doit profiter de tous les mouvements de terrain ou de toutes les constructions que l'on rencontre pour placer les grand'gardes, de manière à ne pas être vu de l'ennemi, de manière aussi à ne pas essuyer le feu et à pouvoir tenir quelque temps. L'officier qui commande doit, aussitôt qu'il a pris son poste, voir quels moyens il a pour résister, faire faire à ses hommes la répétition de ce qu'il aurait à faire en cas d'attaque. Les sentinelles doivent toujours se tenir cachées, à moins qu'elles ne se portent sur une route pour arrêter au passage les piétons, cavaliers, voitures, qui ne peuvent circuler la nuit qu'avec le mot de ralliement. »

RECONNAISSANCES

« Depuis la reconnaissance faite par quatre hommes et un caporal, jusqu'à celle faite par un corps d'armée, le but d'une reconnaissance, les moyens de la faire, sont les mêmes ; de connaître la marche de l'ennemi et en approcher assez pour s'assurer de sa force et de ses intentions. Une forte reconnaissance doit avoir : son avant-garde, son arrière-garde, ses flanqueurs, c'est-à-dire, marcher entourée de sentinelles qui sont assez éloignées du corps principal, pour que les ennemis, en les apercevant, ne puissent voir le corps principal, ou du moins, ne puissent l'attaquer sans qu'il se soit mis sur ses gardes. Quand la

reconnaissance ne peut plus se rapprocher de l'ennemi
sans se découvrir, elle doit tâcher d'envoyer, dans plusieurs
directions, de petites reconnaissances, composées de quatre
hommes et d'un caporal, ou d'un sergent et d'une escouade,
pour tâcher de reconnaître l'ennemi de plus près, en se
dérobant derrière les arbres, les haies, les accidents de
terrain. Les hommes envoyés ainsi prennent le nom de
vedettes. Elles doivent rester immobiles et considérer
attentivement le terrain qui les entourent et se replier
silencieusement, dès quelles ont découvert quelque chose.
Les petites reconnaissances envoyées par le corps principal
ne doivent pas s'éloigner, de manière à ne pouvoir rejoindre le corps qui a dû s'arrêter, et chaque fois qu'un
caporal ou sergent a été envoyé avec ses hommes, il ne
doit pas changer de place, car les hommes ne le retrou-
veraient plns. Tous ces mouvements doivent se faire en
silence, avec précaution, avec calme. Les hommes en
reconnaissance doivent toujours être sur le qui-vive,
gagner les hauteurs, de manière à découvrir le plus loin
possible. L'officier qui commande la reconnaissance doit
s'assurer, aussitôt qu'il s'est arrêté, des moyens de résister
à une attaque, se porter derrière une haie, une colline,
dans un bois, dans un pli de terrain, regarder derrière lui
pour savoir ce qu'il doit faire pour se retirer, et rallier le
corps d'armée sans se faire couper. En un mot, dans une
reconnaissance, depuis le chef jusqu'au dernier soldat,
chacun doit mettre toute son intelligence à se préparer à
tout événement. C'est ce qui donne le calme dans l'action. »

COLONNES EN MARCHE

« Toute colonne en marche doit être gardée par une

avant-garde, par une arrière-garde et par des flanqueurs lorsque le terrain le permet. Si la colonne s'approche de l'ennemi, elle a aussi des tirailleurs déployés en avant, et ne doit pas occuper plus de longueur que lorsqu'elle est en bataille, afin que les voitures de vivres, de munitions, de bagages n'allongent pas la colonne. Les hommes marcheront par le flanc, séparés en deux colonnes, marchant sur les bas côtés de la route et laissant la chaussée libre, toutes les fois que la route le permettra.

» Le soldat ne doit jamais sortir des rangs avant que le commandement de rompre ne soit donné. Les capitaines tiendront la main à cette prescription avec la plus grande rigueur. Ils prendront le nom des hommes qui ne s'y conformeraient pas, ainsi que des traînards, afin qu'ils soient punis aussi sévèrement que possible au premier campement. La tête de colonne devra toujours marcher lentement, les flanqueurs et les éclaireurs seront souvent changés, les avant-gardes et arrière-gardes devront être à une grande distance, sans cependant perdre de vue le corps principal, à moins de se relier par un petit corps intermédiaire. »

SENTINELLES. — RONDES. — MOT D'ORDRE ET DE RALLIEMENT

« Les sentinelles ne doivent jamais laisser passer derrière elles, ni se laisser approcher. Le jour et la nuit elles feront observer leur consigne avec la plus grande rigueur, mais avec intelligence. Elles empêchent de passer en croisant la bayonnette. La nuit, elles ont les armes chargées aux avant-postes, mais elles doivent user de la plus grande prudence, et ne doivent armer leur fusil qu'à la dernière extrêmité ; elles éviteront ainsi les malheurs qui arrivent à chaque instant. Elles empêchent de circuler toute personne qui ne répond pas le mot de ralliement. Ce mot est ainsi demandé : *Qui vive ? halte là ! avance au ralliement.* Si la sentinelle est prêt du poste qui la fournit, et que la ronde suit, *ronde d'officier*, elle crie : *Aux armes !* le poste sort. Le chef de poste s'avance au-devant de la personne arrêtée avec deux hommes, fait apprêter les armes et dit : *Avance à l'ordre.* La personne arrêtée donne le mot d'ordre et le chef de poste répond par le mot de ralliement. Une sentinelle ne salue jamais du képi, elle salue avec son arme, présente les armes aux officiers supérieurs et porte les armes à tous les autres. Un soldat en armes ne salue jamais qu'avec son arme et porte l'arme s'il rencontre un officier ; s'il fait partie d'un peloton, il ne doit faire que ce que l'officier commande. Tout poste doit sortir, se mettre sous les armes et laisser passer au port d'armes tout corps armé qui passe devant lui. Le corps, colonne ou peloton qui passe devant un poste doit prendre le pas accéléré et porter les armes. »

Le 11, les 2e et 3e compagnies du poste de la Puisaye sont envoyées renforcer le poste de la Saucelle, lequel se compose alors du premier demi-bataillon de droite, sous les ordres du capitaine Groualle. Les 5e, 6e et 8e compagnies conservent leurs positions.

Le 13, à midi, le commandant monte à cheval avec le lieutenant Clausier pour aller inspecter tous les postes de la forêt.

Le 14, à midi, le 3e bataillon quitte ses positions, en forêt, pour se rendre à Brezolle, où il arrive à deux heures, et repart le lendemain pour Dreux, où il arrive à onze heures du matin se mettre aux ordres de M. le lieutenant-colonel Du Temple.

Le 16, à onze heures du matin, le commandant Lacroix reçoit l'ordre ci-après :

« M. le commandant du 3ᵉ bataillon partira à midi » avec deux compagnies de son bataillon, à son choix, et » un peloton de chasseurs d'Afrique. Il se portera sur la » route de Nogent-le-Roi, où il s'éclairera le mieux pos- » sible, sans s'engager. Il ira jusqu'à Villemeu, s'informera » de ce qui se passe à Nogent-le-Roi, et poussera jusqu'à » cette petite ville qu'il occupera, si l'ennemi n'est com- » posé que de cavaliers.

» Dreux, 16 novembre 1870.

» Signé : L. Du Temple. »

A midi, le commandant Lacroix est parti pour remplir sa mission avec la 4ᵉ compagnie, capitaine Groualle et la 8ᵉ compagnie, capitaine Lecorre, et un peloton de 22 chasseurs d'Afrique, commandé par le sous-lieutenant de Malessi.

Arrivé à deux kilomètres de Nogent-le-Roi, le comman- dant apprend, par ses éclaireurs, qu'il venait d'arriver dans cette localité une colonne de 8,000 prussiens, infan- terie, cavalerie et artillerie. Une note est de suite envoyée au lieutenant-colonel Du Temple pour le prévenir. Puis le détachement se replie, en suivant les hauteurs, vers les grand'gardes qui sont ainsi renforcées. Le commandant Lacroix va lui-même faire répéter la consigne aux chefs de poste et les avertir qu'ils doivent redoubler de vigilance dans le cas d'une attaque probable au point du jour.

Le 17, après l'appel du matin, il est procédé à la distribution de camisolles de laine dues à la générosité de M. Lavallée, ancien ingénieur du canal de Suez, propriétaire au château de Quetiéville. Le jour même une lettre de remerciement est adressée par le commandant à ce généreux citoyen.

Le 3ᵉ bataillon est consigné sur la place Metezeau pour se porter en avant au premier coup de canon.

A midi et demi l'action s'engage. Quelques coups de fusil sont tirés sur les grand'gardes route de Nogent-le-Roi. L'ordre est envoyé de la place au 3ᵉ bataillon d'envoyer de ce côté une compagnie de renfort. M. le capitaine Anthoine, qui faisait alors les fonctions de commandant de place, transmet cet ordre au commandant, qui envoie de suite la 8ᵉ compagnie, capitaine Lecorre, au village de Nuisement.

A une heure, le canon commence à gronder. Alors, le commandant, sans attendre d'autre ordre, se porte rapidement dans la direction de l'ennemi, route de Châteauneuf, village de Garnai, et va prendre les ordres du lieutenant-colonel Du Temple. La 1ʳᵉ compagnie, lieutenant de Cussy; la 2ᵉ, lieutenant Guillard; la 4ᵉ, capitaine Groualle, sont déployées en tirailleurs sur la droite de la route et en soutien des marins; la 3ᵉ compagnie, capitaine Delanney, et 5ᵉ, capitaine Morin, avec le commandant Lacroix sont placées au centre de la ligne de bataille, à gauche de la route de Châteauneuf, avec deux compagnies de marins, et sous les ordres directs de M. le lieutenant-colonel Du Temple, qu'on n'a cessé de voir partout où était le danger.

A ce moment, une grêle de balles et d'obus vient nous assaillir; mais on reçoit l'ordre de se coucher à terre et de tirer dans cette position.

Dans la plaine, à 800 mètres et au-delà, on apercevait des masses de prussiens dont on distinguait facilement les divers mouvements. Il y avait environ 25,000 hommes, avec 8 batteries de divers calibres. Quant à nous, nous étions à peine 5,000 et sans artillerie.

Après quatre heures de lutte énergique sur toute la ligne, il a fallu battre en retraite. Nous étions pris par trois côtés. Les Prussiens entraient dans Dreux par les route de Houdan, Nogent-le-Roi, Chartres et Châteauneuf, au moment où nous sortions par la route de Nonancourt, la seule restée libre. Il était alors six heures et demie du soir.

Un épais brouillard, survenu tout à coup, vint protéger notre retraite et empêcha l'ennemi de lancer sa cavalerie pour nous inquiéter.

On a su, depuis, que nous avions affaire à l'armée du duc de Mecklembourg, qui n'avait osé nous poursuivre, parce qu'il croyait que nous n'étions que l'avant-garde de l'armée de la Loire, qui devait se trouver à peu de distance.

Dans cette affaire, tous les officiers du 3ᵉ bataillon ont perdu tous leurs bagages, qui ne leur ont pas encore été remboursés.

A onze heures du soir, la colonne, sous les ordres de M. le général de Malherbe, qui était venu le matin à Dreux pour inspecter la garnison, est arrivée à Nonancourt, où elle s'est arrêtée. Le 3ᵉ bataillon a été de suite envoyé en grand'garde à la Madeleine.

Le 18, arrive à Nonancourt, par le chemin de fer, une

batterie sous les ordres du brave capitaine Charner, vieillard de 70 ans, dont tout le monde a su apprécier l'entrain, la vigueur et l'énergie. A dix heures la colonne se mit en marche pour se rendre à Bourth, en passant par Tillière et Verneuil, et n'arriva à destination qu'à deux heures du matin, après dix heures de marche, sous pluie battante.

Le 19, à huit heures, avec une demi-ration de pain et sans vivres, le 3ᵉ bataillon reçoit l'ordre de se rendre immédiatement à Chandey ; puis, quelques instants après, un nouvel ordre lui est donné d'aller avec le 2ᵉ bataillon à Saint-Victor, village situé à 3 kilomètres de là. Mais, par suite d'une mauvaise direction du commandant de La Barthe, qui était en tête de la colonne, on fit 4 kilomètres de plus.

Arrivés à destination, il se trouve que le village en question n'était qu'un simple hameau de cinq à six maisons au milieu d'une plaine. Ces maisons sont de suite prises par le 2ᵉ bataillon. Il ne restait au 3ᵉ bataillon d'autre ressource que de camper, sans pouvoir se procurer de vivres. Or, on n'avait pas encore mangé et il était 3 heures 1/4 du soir ; il est vrai que la veille on avait fait douze lieues dans les mêmes conditions.

Cette position était intolérable ; alors le commandant, après avoir consulté ses capitaines, décide qu'on va pousser jusqu'à Laigle. Il réquisitionne deux charrettes à deux chevaux pour porter les sacs de ses soldats, qui étaient exténués de fatigue, et leur annonce qu'après avoir pris un repos d'une demi-heure, on va repartir pour Laigle, où l'on trouvera bon gîte et à dîner, ce qui est accueilli avec une véritable satisfaction. Enfin, à 4 heures, le 3ᵉ bataillon se remet en route et arrive à Laigle à 8 heures 1/2 du soir. Le commandant se rend de suite chez M. le général de Malherbe, auquel il rend compte de la décision prise par lui. M. le général de Malherbe approuve la mesure et envoie l'ordre au 2ᵉ bataillon de rentrer également à Laigle.

Le 20, repos et distributions diverses.

Le 21, le bataillon reçoit l'ordre de se rendre au Mans, où il arrive le 26, après avoir passé par Bonnefoi, Moulins-la-Marche, Courtomer et Séez, où il prend le chemin de fer.

CHAPITRE III

Incorporation dans la 2e Armée de la Loire,
commandée par M. le général Chanzy.
Marchenoir. — Fréteval.

———

Le 27 novembre 1870, c'est-à-dire le lendemain de
son arrivée au Mans, le 3e bataillon fut incorporé dans
l'armée de la Loire, avec les deux autres bataillons du
15e de marche.

Ils furent placés au 21e corps, général Jaurès; 3e division, général Guillon; 1re brigade, général Stéphany.

Le même jour, ordre fut donné au commandant de
compléter ses cadres et de remplacer immédiatement les
officiers absents n'importe pour quelle cause. Ces officiers
devaient être placés à la suite.

En conséquence de ces ordres formels, le commandant
se rendit sans retard chez le général Jaurès, qui le reçut
avec sa bienveillance habituelle, et lui remit un état de
propositions qui fut approuvé séance tenante. Le général
donna l'ordre au commandant de mettre de suite en
fonctions les officiers promus nouvellement, parce que,

le lendemain, le 21ᵉ corps devait partir pour sa destination.

NOMINATIONS

CAPITAINES :

2ᵉ Compagnie : Guillard, lieutenant, en remplacement de Mouchel, en convalescence.

6ᵉ Compagnie : Jouvet, lieutenant, en remplacement de Susbielle, mis à la retraite.

LIEUTENANTS :

2ᵉ Compagnie : Vachier, sous-lieutenant, en remplacement du lieutenant Guillard, promu capitaine.

4ᵉ Compagnie : Lebret, sous-lieutenant, en remplacement de Clausier, en convalescence.

6ᵉ Compagnie : Frappier, sous-lieutenant à la 1ʳᵉ compagnie, en remplacement de Jouvet, promu capitaine.

8ᵉ Compagnie : Roux, sous-lieutenant à la 6ᵉ compagnie, en remplacement du lieutenant Marion, prisonnier à Dreux.

SOUS-LIEUTENANTS :

1ʳᵉ compagnie : David, sergent-major à la 8ᵉ compagnie, en remplacement de Frappier, promu lieutenant à la 6ᵉ compagnie.

2ᵉ Compagnie : Garnier, adjudant-sous-officier, en remplacement de Vachier, promu lieutenant.

4ᵉ Compagnie : Germain, sergent à la 2ᵉ compagnie, en remplacement de Lebret, promu lieutenant.

5ᵉ Compagnie : Manoury, sergent-major, en remplacement de Labbé, passé au dépôt.

6e Compagnie : Colange, sergent-major à la 2e compagnie, en remplacement de Roux, passé lieutenant à la 8e compagnie.

8e Compagnie : Hébert, sergent-major à la 4e compagnie, en remplacement de Amiard, passé au dépôt.

Le 28, après avoir été à la gare recevoir divers effets d'habillement, de campement et trois jours de vivres, plus une ration d'eau-de-vie à titre de gratification, le 3e bataillon quitta le Mans, à 5 heures du soir, pour aller rejoindre la colonne à Parigné-l'Évêque, où il arriva à minuit et campa, tant bien que mal, dans un pré, à gauche de la route.

Le 29, la colonne partit, à 9 heures du matin, dans la direction de Saint-Calais.

A moitié chemin, sur une vaste bruyère, à droite de la route, on fit masser en colonne serrée par bataillon, à demi-distance, la 3e division, qui fut passée en revue par son général.

Ensuite, on se dirigea sur Grand-Lucé, où on arriva vers 3 heures 1/2; les troupes campèrent sur les hauteurs avoisinant cette petite ville, et le 3e bataillon fut envoyé de grand'garde.

Le 30, à 6 heures du matin, on partit pour Saint-Calais, où on arriva à 3 heures du soir. Le général Jaurès y établit son quartier général, à la mairie; quant aux troupes, elles durent camper à une lieue de là, route du Mans, avec défense expresse d'entrer en ville.

DÉCEMBRE

Après avoir séjourné à Saint-Calais jusqu'au 2 décembre, la colonne se remit en mouvement pour se rendre à Vendôme, en passant par Epuisay. On arriva à Vendôme le 3 décembre, vers 4 heures du soir; mais on ne fit que traverser cette ville, parce que l'on s'en fut camper à une lieue de là, route de Châteauneuf. Il était adopté en principe alors, selon les ordres formels du ministre de la guerre, que les troupes devaient camper et non cantonner, pour les aguerrir, disait-on, et les faire à la dure. Il est vrai que le moment était bien choisi : il faisait un froid excessif, et, chaque matin, on trouvait des militaires gelés sous la tente.

Le 3ᵉ bataillon, à son arrivée à Vendôme, fut envoyé en grand'garde, à une heure de là, dans une ferme, près du chemin de fer.

Le 4, à 9 heures du matin, la colonne se mit en marche, pour se rendre à Saint-Laurent-des-Bois, en passant successivement par Fréteval, Maurey et la Colombe.

Ce jour-là, il faisait un froid tellement rigoureux, que les cavaliers ne purent tenir à cheval et furent obligés de mettre pied à terre pour faire l'étape à pied.

En sortant de Vendôme, un lièvre fut levé par un chien, appartenant à la 3ᵉ compagnie du 3' bataillon, et nommé Bismark; ce pauvre lièvre, au lieu de se diriger vers les bois voisins, ne trouva rien de mieux que de venir se perdre au milieu de la colonne en marche, où il fut pris par un soldat de la 4ᵉ compagnie.

Le 6 au soir, à la Colombe, les chefs de corps reçurent l'ordre suivant :

ORDRE.

« La division lèvera le camp demain matin, de manière
» à se mettre en route à 7 heures, pour repartir à Saint-
» Laurent-des-Bois et à Authainville, de façon à couvrir
» de ce côté l'entrée de la forêt de Marchenoir.

» Les bataillons de grand'garde devront être arrivés à
» la Colombe de manière à ce que le mouvement et le
» départ ne subissent aucun retard.

» Le réveil et le départ devront s'effectuer sans son-
» nerie et sans bruit.

» La surveillance des officiers de tout grade est de pre-
» mière nécessité pour établir et conserver soigneusement
» l'ordre pendant la marche. — On marchera par sec-
» tions.

» L'appel aura lieu, dans chaque corps, de manière
» que les bataillons soient formés en colonne, par sec-
» tions, à l'entrée de la Colombe, à 7 heures précises. —
» Tous les officiers seront prévenus immédiatement de
» ces dispositions par les soins des chefs de corps. Cha-
» cun devra se tenir à son poste pendant la marche, de
» manière à pouvoir diriger sa troupe en cas d'attaque
» probable.

» Chaque bataillon devra se couvrir à sa gauche, par
» une compagnie, qui le flanquera à 600 mètres de dis-
» tance au moins.

» Ordre de marche :

» Francs-tireurs; — Finistère; — artillerie; — 78e de

» marche; — 4ᵉ bataillon Calvados; — Loire-Inférieure
» — 15ᵉ de marche; — 6ᵉ bataillon de marins.

» La Colombe, le 6 décembre 1870.

» Le lieutenant-colonel commandant la 1ʳᵉ brigade,

» Signé : STÉPHANY. »

Le 7, on ne partit qu'à 8 heures, et on arriva à Saint-Laurent-des-Bois vers 10 heures 1/2.

Le 3ᵉ bataillon commençait à faire la soupe à 11 heures, à l'endroit qui lui avait été assigné pour camper, quand il reçut l'ordre de se rendre, en grande hâte, à 3 kilomètres de là, pour prendre position, avec une section d'artillerie et une compagnie de francs-tireurs de Lisieux, commandée par le capitaine Brechet, dans une ferme, appelée la ferme du Bois-d'Enfer, située à 100 mètres de la forêt, et avec *l'ordre formel de s'y maintenir quand même.*

Cette ferme avait déjà été bombardée deux fois; c'était un poste avancé, destiné à protéger toute la division, dont on faisait l'honneur de confier la garde au 3ᵉ bataillon.

A ce moment, on entendit quelques coups de canon dans la direction d'Ouzouer-le-Marché; mais il n'y eut pas d'attaque sérieuse. Les Prussiens durent évacuer Ouzouer-le-Marché et Marolles, où le général Stéphany établit son quartier-général.

Des travaux de défense furent faits de suite aux approches de cette ferme, qui fut crénelée. Le lendemain, le général Jaurès vint, avec son état-major, visiter cette position, qu'il trouva parfaitement installée, et félicita le

4

commandant sur la rapidité avec laquelle il avait exécuté ses ordres.

Par suite d'un oubli impardonnable, les vivres ne furent pas envoyées au 3ᵉ bataillon le jour de son arrivée à la ferme du Bois-d'Enfer. Pendant trois jours, les officiers durent se contenter, pour toute nourriture, de pommes de terre cuites dans la cendre et sans sel, et, pour boisson, de l'eau que l'on tirait à la pompe qui se trouvait dans la cour de la ferme.

Mais le deuxième jour, le capitaine Bréchet, des francs-tireurs de Lisieux, eut l'obligeance d'envoyer aux officiers du 3ᵉ bataillon quelques rations de biscuit et de lard salé dont il pouvait disposer, et que, d'ailleurs, on lui rendit quatre jours après, alors que l'on avait pu envoyer toucher des vivres au quartier-général de la division, où se trouvait l'intendance.

Le 9, à 1 heure du matin, l'ordre suivant fut envoyé aux chefs de corps :

« Au premier coup de canon, les troupes aux avant-
» postes prendront les armes. Ceux qui sont en deuxième
» ligne (le 78ᵉ, le 1ᵉʳ bataillon du 15ᵉ et la Loire-Infé-
» rieure) se tiendront prêts devant leur front de bandière,
» mais sans lever leurs tentes.

» Marolles, le 9 décembre 1870, à 1 heure du matin.

» Le lieutenant-colonel commandant la 1ʳᵉ brigade,

» Signé : STÉPHANY. »

Le matin, vers sept heures, le canon sonna le réveil, et

tout le monde prit ses positions. Le combat dura jusqu'à
4 heures, mais le canon fit seul les frais de la journée.
L'ennemi fut obligé de se retirer, puis alors nous reçumes
l'ordre de rentrer dans nos cantonnements.

Sur notre droite, dans la direction de Meung et Beau-
gency, où se trouvaient les 16e et 17e corps, la lutte
paraissait beaucoup plus vive.

Le 10, à 7 heures du matin, il fallut recommencer la
cérémonie; mais, cette fois, c'était beaucoup plus sérieux
et on se battait partout. Sur la droite surtout, on entendit
pendant toute la journée, une fusillade terrible et des rou-
lements de canon et de mitrailleuse à tout briser.

Le soir surtout, vers 6 heures, alors que nous venions
de rentrer dans nos cantonnements et qu'on installait le
service de nuit, une batterie de mitrailleuses seule ne
cessa de se faire entendre, sans interruption, pendant une
heure. Nous avons su plus tard, par un des officiers de
cette batterie, qu'un régiment de Prussiens ayant cherché
à se glisser dans un ravin pour venir enlever cette batterie, on s'était aperçu de leur présence; puis, quand ils
avaient été à bonne portée, on avait tappé dans le tas, et
il paraît qu'il ne s'en est guère échappé pour aller rendre
compte de leur expédition.

Le 21e corps, tout entier, qui formait la gauche de
l'armée, était déployé dans la plaine, entre Ouzouer-le-
Marché et Meung; de la position relativement élevée où se
trouvait le 3e bataillon, on distinguait à l'œil nu l'emplacement de tous les bataillons; le temps était calme et
pur : c'était un spectacle magnifique et grandiose.

Les bataillons de mobiles, exposés dans cette journée à
un feu violent d'artillerie, se maintinrent courageusement

à leur poste, et par bonheur n'eurent pas de pertes sérieuses à déplorer.

Et pourtant, grâce au maintien de la routine dans l'armée française, on groupait des bataillons entiers à 100 mètres des batteries d'artillerie, au risque de voir les obus éclater au milieu des rangs pressés et enlever des vingtaines d'hommes à la fois. Un bataillon de la Vendée eut beaucoup à souffrir de cette habitude de notre état-major.

Quoiqu'il en soit, les positions du 21e corps ne purent être entamées, et de ce côté, l'ennemi fut obligé de se replier.

Le 11, l'ennemi n'essaya aucune attaque, il n'y eut que quelques engagements d'avant poste, sans importance.

Le dimanche soir, à onze heures, l'ordre arriva de se préparer à partir. Les hommes dormaient sous leurs tentes, assez chaudement abrités, il fallut faire les sacs et se tenir en alerte, prêts à partir. Le signal du départ se fit quelque peu attendre, et les malheureux mobiles dûrent rester treize heures entières sur le qui vive, croyant à toute minute qu'on allait quitter le campement. Enfin on partit.

Il était midi, un dégel avait commencé et les champs étaient tout détrempés. Au lieu de suivre la route, on fit ranger les troupes en bataille, dans une boue gluante, qui entravait la marche et dans laquelle nos soldats, chargés de leurs sacs, enfonçaient jusqu'au genoux ; aussi, ne fit-on pas plus d'une lieue dans cette triste journée.

Le lendemain 13 décembre, l'ordre de départ fut donné, à 9 heures du matin. D'Anteny, ou les troupes avaient campé, à Freteval, où on les fit arrêter, il y a environ 3 lieues 1/2, que l'on mit 13 heures à faire.

Entre Noisy et Ecomans, un incident se présenta, qui fut beaucoup remarqué sur la droite de la colonne : on aperçut une masse de cavalerie assez considérable, et qui fut tout naturellement prise pour de la cavalerie ennemie ; on mit une batterie en position, et on envoya une vingtaine de chasseurs à cheval s'assurer de la vérité, sous les ordres du brave sous-lieutenant de Malessy. Ils ne trouvèrent qu'un régiment de cavalerie française de la division Rousseau. La chose une fois clairement expliquée, on se remit en marche.

De Morée à Freteval, la distance est de 3 kilomètres, on a mis 3 heures 1/2 à les faire, sous pluie battante.

Le campement avait été, avec juste raison, choisi sur les hauteurs de la rive gauche du Loir. Les hommes furent dirigés sur ce point ; mais, la terre était tellement détrempée par le dégel et la pluie, qu'on dût, après beaucoup d'hésitations, d'allées et de venues, en faire descendre une partie dans le village. Il était 10 heures 1/2 et depuis 13 heures 1/2 ils avaient le sac sur le dos.

Le 3ᵉ bataillon, qui se trouvait à la gauche de la colonne, arriva sur les hauteurs l'un des derniers. Aucune indication de campement ne lui avait été donnée ni par le lieutenant colonel de La Barthe, commandant le 15ᵉ, ni par personne. Le commandant se rendit chez le général de division, dont le hasard seul lui fit trouver la demeure pour lui demander des instructions. Il trouva le général Guillon fort tranquillement à table avec son état-major, devant un très-bon feu. Le général répondit au commandant qu'il eut à loger son bataillon comme il pourrait... Or, il était 11 heures 1/2 du soir, il faisait nuit noire, et l'eau tombait à torrents... Le bataillon fut obligé de passer la nuit sur la route au milieu du convoi de l'intendance, scus les voitures duquel chacun s'abrita comme il put.

On remarquera, qu'à l'arrivée de Freteval en venant de Morée, près des hauts fourneaux appartenant à M. le duc de La Rochefoucault, se trouve un pont en bois, qui donne accès au village.

Ce pont, tout naturellement, devait être coupé de suite, une fois le dernier bataillon de la division passé. Mais, on remit cette opération au lendemain matin. Aussi, dans la nuit, les Prussiens passèrent tranquillement le pont qu'on n'avait même pas fait garder, et s'installèrent dans une partie du village.

Le 14, nous assistâmes, dans les champs qui bordent la route de Vendôme, au combat de Freteval, que le général Jaurés, avec juste raison, avait donné l'ordre de reprendre quand même.

Nous avions de la boue jusqu'au cou, les hommes souffrirent beaucoup de rester 4 à 5 heures dans une pareille humidité, sans bouger, et exposés, sans pouvoir répondre, au feu de l'artillerie ennemie, qui nous envoya une pluie d'obus, dont bon nombre vint tomber et éclater à quelques mètres de nous.

Je me souviendrai longtemps d'avoir vu le commandant du 4e bataillon, M. le marquis de Fournès, qui se trouvait en bataille à notre gauche, si embourbé, qu'il dût laisser ses bottes dans la boue et ne put sortir du champ que nous occupions que sur les épaules de deux de ses soldats.

Un gendarme à pied, qui vint à passer près de nous, tomba par terre dans le champ où nous étions. Si on ne l'eut aidé à se tirer de là, il serait resté dans la boue où il serait mort infailliblement, sans pouvoir se relever.

Le soir, Freteval n'était pas repris, une attaque de nuit fût décidée et réussit, grâce au courage des marins et à l'héroïsme de leurs chefs.

'Au lieu d'aborder l'ennemi en silence et sans bruit, l'attaque fut faite bruyamment, clairons en tête sonnant la charge. Assaillis par une pluie de balles, venant du cimetière et des maisons que les Prussiens avaient crénelées, les marins commençaient à battre en retraite, larsque leurs officiers, pour les enlever, se mirent en personne en tête de la colonne. Ils payèrent cher cette héroïque conduite. Le commandant Colette, un lieutenant de vaisseau, un enseigne furent tués, trois autres officiers furent blessés, trois seulement n'éprouvèrent aucun mal. Mais le village fnt emporté de vive force à la bayonnette. Il fallut presque faire le siége de chaque maison et la lutte fut acharnée. Dans une chambre au premier, on voyait encore le lendemain matin, un jeune officier Prussien cloué, comme un papillon, dans la porte ; le sabre baïonnette qui lui traversait la poitrine était enfoncé jusqu'à la garde et avait pénétré dans le panneau de la porte de plus de 4 centimètres, si bien qu'on eut toutes les peines du monde à le retirer delà.

1,200 Prussiens restèrent sur le carreau ce jour là.

Il est triste de dire que les blessés de ce combat, restèrent 24 heures sans soins, et que ce ne fut que le vendredi soir que les ambulances virrent les chercher ; disons cependant à leur louange qu'elles s'occupèrent, avec le même zèle, des blessés prussiens que des blessés français, et que tous furent recueillis et soignés avec dévouement.

Dans la nuit du 15, l'ordre suivant fut envoyé au 3e bataillon :

« Réveil à 5 heures, café pris immédiatement après,
» à 7 heures tout le monde sous les armes et en posi-
» tion.

» *La gare doit être conservée.*

» Le mot d'ordre est changé.

» Les chefs de corps rendus chez le commandant de
» la brigade à 6 heures.

» 2 heures du matin.

» Signé : STÉPHANY. »

On prit position à l'heure indiquée, sur les hauteurs près de la gare. La fusillade dura jusqu'au soir, et Freteval fut définitivement évacué par les Prussiens qui se retirèrent de l'autre côté du Loir, conservant du reste la ligne qui borne la route de Morée et qui était occupée par des petits postes dont on distinguait facilement à l'œil nu les factionnaires avec leurs casques à pointes. Ils ne se trouvaient guère qu'à 500 mètres de nos avant-postes, et occupaient une vieille tour en ruine qui se trouve à mi-côte en face le pont (1).

(1) Ce n'est pas la première bataille dont fut témoin cette vieille tour. En effet, pendant les longs et sanglants démêlés de Philippe-Auguste avec Henri II et Richard-Cœur-de-Lion, le Vendômois, province frontière des rois d'Angleterre, dut à sa position le triste honneur d'être souvent le théâtre de la guerre.
En 1188, Philippe-Auguste s'empara de la ville et du château de Vendôme et fit prisonniers deux cents chevaliers anglais qui en formaient la garnison sous le commandement de Robert de Meulau. Le comte Bouchard prêta alors momentanément hommage au roi de France; mais, par le traité de 1190, il redevint vassal de Richard. En

Le 16, à midi, au moment où le 3ᵉ bataillon faisait le
café, ordre lui fut envoyé de partir de suite pour occuper
la gare de Freteval, avec le 4ᵉ bataillon qui s'installa
dans le village

La gare était percée de trous de balles comme un crible.
Le 3ᵉ bataillon s'y installa comme il put et se mit à l'abri
derrière les remblais du chemin de fer, et des caisses de
biscuit qui se trouvaient sur le quai de la gare.

Quelques coups de fusils furent échangés de part et
d'autre, dès qu'un factionnaire se montrait il était sûr
d'entendre une balle siffler à ses oreilles.

A 3 heures, l'ordre vint aux 3ᵉ et 4ᵉ bataillons de se

1194, Philippe essaya de reprendre Vendôme, qu'il avait promis de
donner au comte de Blois. Il occupa facilement la ville qui n'était pas
fortifiée; mais le château lui opposa une résistance opiniâtre, et Richard
accourut pour en faire lever le siége.

Resserré dans un lieu bas et sans défense, entre une armée ennemie
et une citadelle qui dominait la position, Philippe ne songea plus qu'à
se retirer du mauvais pas où il s'était engagé. Cependant, il envoya
son hérault porter un défi à Richard et lui annoncer que le lendemain,
il viendrait dans la plaine lui présenter la bataille, mais, dès le soir
même, il fit ses préparatifs de départ et, avant le jour, il sortit de la
ville par le faubourg Saint-Bienheuré, se dirigeant sur Freteval par
l'ancien chemin qui suit la vallée sur la rive gauche du Loir.

Richard, instruit de sa retraite, le devança en passant le Loir au gué
Pezou et s'embusqua dans les bois qui couvrent, en face de ce gué,
une côte escarpée auprès de laquelle était alors un hameau, dont il
n'existe plus que des ruines sans nom et la vieille tour qui domine
Fréteval, et que les chroniqueurs appellent Beaufond.

Là, fut livré un combat célèbre sous le nom de Fréteval, où les
soldats de Philippe-Auguste, culbutés dans le marais, furent presque
tous pris ou tués.

Un convoi de chariots et de chevaux de trait qui suivait tomba au
pouvoir des Anglais. Ils y trouvèrent des tonnes d'or, la vaisselle du
roi, sa chapelle, son sceau royal, les registres du fisc et les chartres
des barons, vassaux du roi d'Angleterre, qui avaient pris avec Philippe
des engagements secrets.

La découverte d'une masse considérable de fers de chevaux de forme
ancienne et la disposition des lieux correspond parfaitement à la des-
cription de cette bataille faite par Guillaume Breton.

mettre en route en silence et sans bruit pour rejoindre la colonne qui devait partir dans la nuit.

Après avoir fait ostensiblement les préparatifs ordinaires pour passer la nuit, de façon à tromper l'ennemi, le commandant donna à 6 heures seulement, le signal du départ, qui fut effectué sans bruit et dans le plus grand ordre. On rejoignit la colonne qui avait reçu l'ordre de battre définitivement en retraite à travers la forêt de Freteval et l'on vint coucher à Romilly.

Une autre étape nous amena le lendemain à Mondoubleau. Nous n'en repartîmes que le dimanche 18, à une heure, le départ étant fixé à 10 heures 1/2, mais, on trouva le moyen de faire défiler d'abord les bagages. Il est nécessaire d'ajouter qu'on jugea à propos de nous les faire dépasser en chemin et de rendre ainsi la marche plus longue et plus ennuyeuse.

Enfin, on arriva au camp de Sarget, près du Mans, le 22, après avoir successivement passé par Balon, Valaiues, Pont-de-Genne et Monfort-le-Rotrou.

CHAPITRE IV

Retour du 21e corps au Mans, au camp de Sarget.
Prise du Mans. — La retraite du 21e corps.

————

Lors de son arrivée au camp de Sarget, le 22 décembre 1870, le 3e bataillon fut cantonné au château de Montauban et put prendre comme les autres troupes du 21e corps, un peu de repos, dont il avait réellement besoin, après les fatigues et misères de toutes espèces, éprouvées dans cette expédition de Marchenoir et de Freteval.

Si la saison rigoureuse et le mauvais temps avaient été cause de la maladie et de la mort d'un grand nombre de mobiles, il ne faut pas oublier d'y ajouter la mauvaise qualité des vareuses pantalons et souliers qui leur avaient été donnés.

Vareuses et pantalons tombaient en lambeaux, on a vu (et au 3e bataillon il y en avait plus de 50 dans ce cas-là) on a vu, dis-je, un grand nombre de soldats, suivre péniblement la colonne, pieds nus, ou les pieds entourés de paille ou de morceaux de vieille toile... heureux étaient ceux qui avaient le rare bonheur de trouver des sabots....

En un mot, nous avions alors l'air d'une véritable armée de mendiants sortant de la Cour des Miracles.

Eh bien, tous ces malheureux mobiles, courbés sous le poids de leur sac et harassés de fatigue, marchaient avec une résignation digne d'un meilleur sort, et sans se plaindre, parce qu'ils savaient que leurs chefs ne pouvaient rien obtenir pour eux, et n'étaient pas plus brillants et cossus que le soldat.

Ils sont bien coupables, les spéculateurs qui ont fourni les mauvais vêtements dont on a affublé nos mobiles. Pendant que ces derniers ont été obligés de quitter leur pays et leurs affaires pour aller se faire tuer pour défendre le sol français envahi, ceux-ci sont restés tranquilles chez eux, où ils ont réalisé des bénéfices scandaleux sur les fournitures faites à l'État. S'il est une justice sur terre, ils auront un compte sévère à rendre à la commission spéciale instituée au Corps législatif.

Mais bientôt, grâce aux sollicitations pressantes de notre général de brigade, M. Stephany, le 15e de marche ne tarda pas à recevoir des pantalons rouges, des tuniques et autres objets d'habillement dont on avait un besoin impérieux.

Puisque l'occasion se trouve, je suis heureux d'en profiter pour rendre un public hommage à M. le général Stephany et au capitaine Langlois, son digne chef d'état-major, lesquels, pendant toute la durée de la campagne, n'ont cessé de s'occuper avec une sollicitude constante du bien-être des troupes qui ont eu la chance de se trouver sous leurs ordres, et en particulier du 15e de marche.

Le 26 décembre, M. le général Cosson de Villeneuve

prit le commandement de la 3e division, en remplacement de M. le général Guillon, appelé au commandement de la cavalerie du 21e corps.

———

JANVIER

Le 4 janvier, le général de Villeneuve passa la revue des troupes de la 3e division ; elles étaient habillées de neuf, et avaient tout-à-fait bon air.

La fanfare du 3e bataillon, composée de 10 clairons et de 2 tambours, et qui passait à juste titre pour la meilleure de la division, fut spécialement félicitée par le général.

Une gratification de 20 francs fut par lui donnée au caporal de Casanove, chef de cette fanfare, et que l'on appelait au bataillon *le chef des lapins*.

Le 10 janvier, le 3e bataillon, qui avait quitté le château de Montauban pour se cantonner à la ferme des Croisettes, s'en fut avec tout le 21e corps prendre position à Savigné-l'Évêque, conséquemment à la gauche de l'armée de la Loire.

Ce même jour, les Prussiens furent repoussés avec perte.

Mais, dans la nuit du 11 au 12, les lignes françaises ayant été rompues au Tertre-Rouge, qui était la clef du Mans, et où on avait mis de trop jeunes troupes, il fallut battre en retraite, alors que, jusqu'à ce moment, tout nous faisait espérer le succès.

Les Prussiens entrèrent au Mans à 4 heures 1/2 de l'après-midi. Le 21e corps, que les troupes du prince

Frédéric-Charles n'avaient pu entamer, était encore à son poste à 8 heures du soir. A cette heure, il commença sa retraite. Il fallait voir, le matin du 12, le général Jaurès, en grande tenue, se porter de sa personne où le danger était le plus grand; l'énergie, dont il a donné mille preuves dans cette journée, a électrisé ses troupes ; aussi, le 21ᵉ corps n'a pu être entamé de nul côté par l'ennemi, ce qui a facilité et assuré la retraite de l'armée entière, ainsi qu'on va le voir par les ordres du jour ci-après transcrits :

ÉTAT-MAJOR GÉNÉRAL.

» Officiers, sous-officiers et soldats,

» Le général en chef est heureux d'exprimer toute sa
» satisfaction au général Jaurès pour la façon dont il a
» conduit ses troupes dans les journées des 11 et 12, sa
» retraite rendue difficile par la dispersion de ses divi-
» sions, les distances à parcourir et les combats à livrer.
» Je félicite également les troupes du 21ᵉ corps, qui,
» dans cette opération, ont fait preuve d'ordre, de disci-
» pline, de tenacité et de vigueur, alors que se produi-
» saient, dans certaines portions de l'armée, les défail-
» lances qui ont amené la retraite du Mans, au moment
» où nous avions les meilleures chances pour battre l'en-
» nemi.
» Le général commandant en chef le 21ᵉ corps et les
» forces de Bretagne est heureux de porter à la connais-
» sance des troupes placées sous son commandement les
» éloges si flatteurs que le général Chanzy a daigné leur
» adresser.

» Cette récompense de nos efforts sera pour tous un
» précieux encouragement à continuer à bien faire, et
» j'espère que le 21e corps, qui n'a jamais été entamé,
» continuera à montrer l'ordre dans les marches et de la
» fermeté devant l'ennemi.

» Le présent ordre sera lu aux compagnies à trois
» appels consécutifs.

» Au quartier général à Sillé-le-Guillaume, le 13 jan-
» vier 1871.

» Signé : JAURÈS. »

ORDRE DE LA DIVISION.

« Les colonels, chefs de bataillon formant corps, et les
» chefs de détachement de troupes de la division, adres-
» seront dans la journée, au commandant de leur bri-
» gade, un état général des tués, blessés ou disparus
» dans la journée du 12, et leur signaleront les officiers,
» sous-officiers et soldats qui se seront fait remarquer.

» Les commandants de brigade, en transmettant ces
» états au général de division, lui signaleront en outre
» ceux de ces militaires qu'ils jugeront dignes d'être
» présentés pour des récompenses, soit pour l'avancement,
» la Légion-d'Honneur ou la médaille militaire.

» Le général, commandant la division, saisit avec
» empressement cette circonstance pour témoigner aux
» troupes sous ses ordres, sa satisfaction pour leur bonne
» tenue et leur solidité devant l'ennemi, qui a permis de
» tenir toutes les positions sans céder un pouce de terrain,
» jusqu'au moment où l'ordre de les quitter a été donné.

» Si les résultats de cette journée ont été fatals à nos
» armes, la 3e division a la conscience d'avoir rempli
» son devoir.

» Le général est d'autant plus heureux de pouvoir
» donner ce témoignage à la division, qu'elle lui donne
» une plus grande confiance qu'à la première rencontre
» avec l'ennemi ; elle fera plus et mieux encore.

» Le Général commandant la 3e Division,

» DE VILLENEUVE. »

ORDRE DU RÉGIMENT.

« Soldats,

» J'ai reçu des compliments pour la manière dont vous
» vous êtes conduits au feu et la vigueur dont vous avez
» fait preuve dans les marches qui ont suivi la prise du
» Mans ; depuis six jours, sans vivres, vous avez supporté
» des fatigues inouïes, mais vous avez montré à la France
» que vous étiez de braves et loyaux serviteurs. La 3e
» division est connue, de toute l'armée, pour sa fidélité
» et sa bravoure. Réunissez-vous toujours autour de vos
» officiers ; soyez confiants. Nous ferons pour vous ce
» qu'il nous sera possible de faire. — Les généraux qui
» vous commandent comptent sur vous.

» Vous avez sauvé l'armée à Touvois ; c'est vous qui
» permettiez à toutes les troupes de se retirer en bon
» ordre. — J'ai l'honneur de commander le brave 15e ;
» j'ai donné ma parole d'honneur que le 15e se tiendrait

— 65 —

» toujours ferme dans toutes les occasions où on lui con-
» fierait un poste d'honneur : c'est donc à vous que je
» remets la sauvegarde de ma parole.

» Le Lieutenant-Colonel,

» Signé : DE LA BARTHE »

ORDRE DE LA DIVISION.

« Le général commandant la 3e division est heureux
» de porter à la connaissance de ses troupes un para-
» graphe des instructions du général en chef de la 2e
» armée, à la date du 23 janvier, qui, non-seulement se
» plaît à reconnaître les éminents services rendus à
» Savigné-l'Evêque et à Sillé-le-Guillaume par cette division
» et l'en félicite hautement; mais fait connaître encore que
» l'ennemi lui-même a constaté cette résistance vigoureuse:
» Le succès de la division Villeneuve, appuyé de la
» division Rousseau (21e corps), en avant de Sillé, dans
» la journée du 15, est constaté par le témoignage des
» Prussiens eux-mêmes.
» Il ressort de ces renseignements que, chaque fois que
» nous résistons, nous avons l'avantage et que nous
» infligeons des pertes sérieuses à l'ennemi.
» Il faut donc que nous puisions, dans ce succès avoué
» par les Allemands eux-mêmes, la conviction que nous
» pouvons toujours conserver nos positions quand nous
» voulons les défendre.

» Signé : CHANZY. »

5

« Le général commandant la 3e division, n'a rien à
» ajouter aux éloges du général en chef, sinon qu'il est
» fier des compliments adressés à sa division et qu'il la
» remercie de sa conduite énergique.

» Signé : DE VILLENEUVE. »

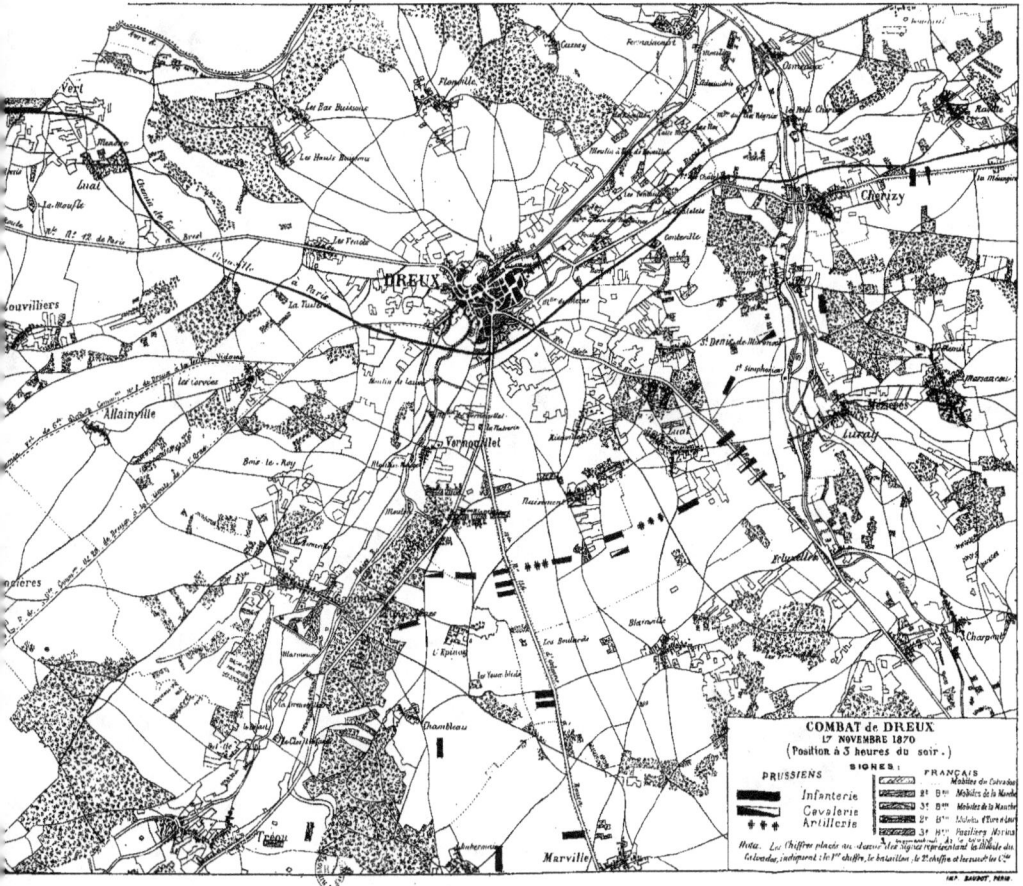

COMBAT de DREUX
17 NOVEMBRE 1870
(Position à 3 heures du soir.)

SIGNES:

PRUSSIENS

Infanterie
Cavalerie
Artillerie

FRANÇAIS

Mobiles du Calvados
8ᵉ Bⁿ Mobiles de la Manche
3ᵉ Bⁿ Mobiles de la Manche
2ᵉ Bⁿ Mobiles d'Eure-et-Loir
3ᵉ Bⁿ Fusiliers Marins

Nota. Les Chiffres placés au-dessus des signes représentant la double des Colonnes, indiquent: le 1ᵉʳ chiffre, le bataillon, le 2ᵉ chiffre, la compagnie.

IMP. BAUDET, PARIS.

٣

CHAPITRE V

Séjour à Mayenne. — Verrue.
Chasseneuil. — Poitiers. — Licenciement
de l'Armée de la Loire.

———

Enfin, le 17 janvier, après 6 jours de marche pénible, le 21ᵉ corps arriva à Mayenne, où l'on séjourna jusqu'au 12 février.

Pendant ce temps-là, eurent lieu au 3ᵉ bataillon diverses promotions d'officiers, sous-officiers, caporaux et soldats de première classe.

Le 12 février, le 21ᵉ corps se remit en marche pour se rendre à Mirebeau, où le général Jaurès établit son quartier général jusqu'au 19 février, jour de l'expiration de l'armistice.

Le commandant Lacroix qui, depuis le 7, commandait alors le 15ᵉ de marche en l'absence du lieutenant-colonel De la Barthe, qui avait obtenu une permission de 8 jours pour se rendre à Caen, s'occuper de sa candidature au Corps législatif, reçut, à 10 heures, au moment du départ, l'ordre suivant :

ORDRE.

« Le commandant Lacroix prendra aujourd'hui le
» commandement de la 1re brigade, en remplacement du
» lieutenant-colonel Stephany, qui prend le commandement
» de la division.

> » Le général, commandant provisoirement
> » la 3e division du 21e corps,

> » Signé : STÉPHANY. »

» Contest, le 12 février 1871. »

Le commandement du 3e bataillon fut remis alors au
capitaine Groualle, de la 4e compagnie, qui le conserva
jusqu'au 15, époque à laquelle le commandant Lacroix
reprit son commandement.

Le 23, on arriva à destination, c'est-à-dire à Verrue,
près du château de Purnon, appartenant à M. de Mon-
tesquiou, et à deux pas de la forêt de Scevolles, après
avoir successivement passé par Alexin, Andouillé, Laval,
l'Husserie, Quelaines, Saint-Gault, Loigné, Château-
Gontier, Segré, le Lion-d'Angers, Angers, Ponts-de-Cé,
Doué-la-Fontaine, Montreuil, Bellay et Loudun.

Le 18, en passant à Angers, les troupes défilèrent
devant le général Jaurès, entouré de son état-major.

A Montreuil, on fit séjour le 21, jour du mardi
gras, ce qui permit aux troupes de prendre quelque

repos, et de visiter l'ancien château des seigneurs de Bellay (1).

Le 3e bataillon séjourna à Verrue jusqu'au dimanche 5 mars.

Pendant le séjour de la 3e division à Verrue, eut lieu une séance de la cour martiale sous la présidence du commandant Lacroix, président de la cour martiale de la 3e Division.

Dans cette séance, un militaire de la 4e compagnie fut condamné à mort, pour insubordination.

Mais, l e jour même, le président avec les membres de la Cour rédigèrent un recours en grâce et en commutation de peine, adressé à M. Thiers, Chef du Pouvoir exécutif,

(1) Cette petite ville, située sur le Thouet, existait antérieurement à Foulque Nera qui la fit fortifier. Son château, qu'on voit encore plus ou moins transformé par les réparations qu'il a subies, fut longtemps l'un des plus forts et des plus sûrs de la province. Les premiers seigneurs de Montreuil furent les Bellay, auxquels la ville a dû son deuxième nom. Cette illustre famille, outre Joachim du Bellay, poète célèbre du XVIe siècle, a produit un grand nombre d'hommes illustres.

Montreuil et son château ont été assiégés à plusieurs reprises. Geoffroy Plantagenet, comte d'Anjou, vint y attaquer un seigneur de la famille de Bellay, en révolte contre son autorité, et en fit deux fois le siége. La première fois il prit la forteresse et admit son vassal à récépiscence; la deuxième fois, le château tint si fermement qu'on ne put le réduire que par la famine. Un Geoffroy en fit démanteler les fortifications qui, depuis, n'ont jamais été complétement relevées (1150). Philippe-Auguste, pendant ses guerres avec Jean-Sans-Terre, assiégea et prit Montreuil qui tenait pour ce dernier (1203). Enfin, Louis VIII, marchant contre la ligue anglaise des seigneurs poitevins, en fit aussi le siége et s'en rendit maître en 1223. Ce fut dans cette ville qu'il traita avec la ligue poitevine, et reçut d'elle les otages comme garantie de soumission. Trois siècles plus tard, en 1568, nous voyons Montreuil au pouvoir de l'armée des protestants qui s'y établirent sur la rive gauche et y restèrent trois semaines pendant lesquelles l'hiver et la rareté des subsistances leur firent perdre un grand nombre de soldats.

Jusqu'à la révolution de 89, Montreuil fut un chef-lieu d'élection — la ville fut administrée par un corps municipal — chef-lieu de canton aujourd'hui, sa population est de 2,000 habitants environ.

qui voulut bien répondre favorablement à cette demande
et commuer en deux années de prison la peine du condamné.

Le 5 mars, le 21e corps se mit en route pour Poitiers,
où il arriva le 7, après avoir passé par Mirebeau, Thuran-
geau, Vandœuvre et Jaunay.

La 1re brigade fut cantonnée à Chasseneuil, à 10 kilomètres de Poitiers, où elle fit séjour jusqu'au 16.

C'est là que, le 12 seulement, on distribua au 15e, des
souliers, des bas de laine et des capotes neuves prove-
nant de souscriptions recueillies dans le Calvados.

Avant de quitter son commandement, le général Jaurès
adressa à ses troupes l'ordre suivant :

ORDRE GÉNÉRAL.

« Officiers, sous-officiers et soldats,

» Un décret du Chef du Pouvoir exécutif dissout la
» 2e armée. Avant de me séparer des troupes du 21e corps,
» je dois leur exprimer toute ma satisfaction pour le dé-
» vouement, la discipline et la solidité dont elles ont
» constamment fait preuve.

» Organisés en quelques jours, vous avez, dès votre
» sortie du Mans, marché comme de vieilles troupes, et,
» à vos premiers combats de Saint-Laurent-des-Bois, de
» Poilly et de Lorges, vous vous êtes montrés inébran-
» lables au feu.

» Depuis lors, à Fréteval, à Morée, à Montfort, à
» Savigné-l'Évêque, vous avez toujours vigoureusement
» repoussé l'ennemi, et jamais le 21e corps n'a quitté ses

» positions que par ordre ou pour suivre un mouvement
» général.

» A Sillé-le-Guillaume, après une marche de 50 kilo-
» mètres dans la neige vous vous retourniez pour faire
» tête à l'ennemi et vous le rejetiez jusqu'au delà de
» Cussé en lui infligeant des pertes considérables. —
» Partout vous vous êtes bien conduits.

» Si vos efforts n'ont malheureusement pas suffi pour
» assurer le salut de notre chère patrie, ce ne sera pas
» sans fierté que chacun de vous pourra dire : j'étais du
» 21e corps, et j'ai fait mon devoir. Un jour, s'il plaît à Dieu,
» la France, aujourd'hui épuisée, recouvrera ses forces et
» sa puissance et il vous sera donné de venger le passé.—
» Puissé-je alors me retrouver au milieu de vous.

» Vive la France !

» Le général commandant en chef le 21e corps,

» Signé : JAURÈS.

» 10 mars 1871. »

Le 17, le 3e bataillon vint à Poitiers où il remit ses
armes et son campement.

Le lendemain 18, à 6 heures du matin il partit pour
se rendre par étapes à Lisieux, où il est arrivé le 2 avril,
après avoir successivement passé par Mirebeau, Loudun,
Fontevrault, Montsoreau, Saumur, Les Rosiers, Beaufort,
Beaugé, La Flèche, Foultourte, Le Mans, Beaumont,
Alençon, Séez, Argentan, Falaise et Caen.

En passant par Beaugé, où l'on fit séjour le 22 et le 23, les officiers du 3ᵉ bataillon adressèrent à M. Thiers, Chef du pouvoir exécutif, une demande tendant à obtenir de suite le réarmement du bataillon pour aller combattre les ennemis de l'ordre et de la société. — Mais, aucune réponse ne fut faite à cette demande, qui témoignait, du reste, du bon esprit dont était animé le bataillon tout entier.

+ on lit dans d'Hozier - tome 1ᵉʳ - 2ᵉ partie, page 204 - nº 4370 - l'impôt du sang ou la noblesse de France sur les champs de bataille :

Jean de la Croix, chevalier, fut tué à la bataille de Beaugé en 1421 - contre les anglais au service du roy de France -

Son frère Guillaume de la Croix, est un des 119 gentilshommes normands qui défendirent victorieusement le mont St michel en 1423 - Son nom figure sur les tables de marbre dans l'église du mont St michel

Son descendant au XIIᵉ degré, actuellement chef de nom et d'armes est le commandant de la Croix.

Cette famille noble d'ancienne extraction, occupe un rang distingué dans les annales militaires de la noblesse de Normandie, où elle a été maintenue plusieurs fois lors de vérifications faites par ordre du roy en 1463 - 1597 - 1668 et en dernier lieu par jugement du tribunal civil de Lisieux de 10 mars 1874

et a rectifié 21 actes de l'état civil de la famille de la Croix, depuis le 31 mai 1790 jusqu'à ce jour - par ce jugement mr le commandant de la Croix, avec table marge bien connue, a forcé la 3ᵉ république à rendre à la famille titres et rang, que la 1ʳᵉ république qui le disait une, indivisible et imperissable, lui avait fait perdre par un décret du 20 mai 1790, lequel proscrivait tous les titres de noblesse et prescrivait aux officiers de l'état civil de supprimer dans les actes tous les titres nobiliaires et particules.

CHAPITRE VI

Les étapes du 3ᵉ Bataillon.

___

1870

AOUT

15 au 31 Bayeux.

SEPTEMBRE

1ᵉʳ au 30 Bayeux.

OCTOBRE

1ᵉʳ au 6 Bayeux.
7 Evreux.
8 Pacy-sur-Eure.
9 Merey. — Serez. — Bretagnolles.
10 Ivry-la-Bataille.
11, 12, 13 Dreux.

14 Reconnaissance à Marolles.

15, 16 Embuscade à Goussainville.

17 Jugement. — Exécution d'un espion prussien.

18 Mort du lieutenant colonel de Beaurepaire..

19 Inhumation   id.

20 Reconnaissance à Marchezais.

21, 22 Nonancourt.

23 Retour à Dreux.

24 Combat de nuit à Tréon.

25, 26 St-André. — St-Germain-sur-Avre.

27, 28 St-Germain-sur-Avre.

29 Nonancourt. — Tillières. — Verneuil.

30 Verneuil. — Repos.

31 La Ferté-Vidame.

NOVEMBRE

1, 2 De grand'garde en forêt.

3 Retour à la Ferté-Vidame.

4, 5 Exercices.

6 Repos.

7 Revue du général.

8, 9, 10, 11, 12, 13 Grand'garde dans la forêt.

14 Brezolles.

15 Retour à Dreux.

16 Grand'garde à Fremincourt.

17 Deuxième bataille de Dreux. — Nonancourt.

18 Nonancourt. — Tillières. — Verneuil. — Bourth.

19 St-Victor. — Laigle.

20 Laigle. — Repos.

21 Randonnet. — St-Martin-des-Apres.

22, 23 Moulins-la-Marche.

24 Courtommer.

25 Séez.

26 Le Mans.

27 Incorporation à l'armée de la Loire. Parigné-
l'Evêque.

28, 29 Grand-Lucé. — De grand'garde.

30 St-Calais.

DÉCEMBRE

1er St-Calais.

2 Epuisay.

3 Vendôme.

4, 5, 6 Freteval. — Morée. — La Colombe.

7 St-Laurent-des-Bois. — Ferme du bois d'Enfer. —
L'ennemi chassé d'Ouzouer-le-Marché.

8, 9 Engagement dans les plaines de Marolles et de
Marchenoir.

10 Grande bataille.

11 Engagement insignifiant.

12 Retraite. — Hauttainville.

13 Freteval.

14, 15 Freteval. — Engagement.

16 Grand'garde à la gare. — Retraite de nuit. —
Romilly.

17 Mondoubleau.

18 Semur.

19 Pont de Gennes.

20 Ivré-l'Évêque.

21 La Croisette, où l'on séjourne jusqu'au 9 janvier.

1871

JANVIER

10, 11, 12 Engagements. — Retraite. — Prise du Mans après la défaite des 16ᵉ et 17ᵉ corps. — Souligné-sous-Ballon.

13 Conlie. — Neuville-Allais.

14 Saint-Rémy-de-Sillé.

15 Engagement sur la route, pour protéger le convoi.

16 Assé-le-Béranger. — Évron.

17 Jublains. — Avron. — Mayenne. — Contest, où l'on séjourne jusqu'au 12 février.

FÉVRIER

9 Savigné-l'Evêque.

12, 13 Alexain. — Andouillé.

14 Laval.

16 Changé. — Loigné.

17 Châteaugontier. — Saint-Martin-des-Bois.

18 Lyon-d'Angers. — Plessis-Marie. — Angers. — Pont-de-Cé.

19 Ambillou.

21 Brissac. — Bouée. — Montreuil-Bellay.

22 Montreuil-Bellay.

23 Noyon. — Loudun. — Vaon.

24 Verrue, où nous séjournons jusqu'au 5 mars.

MARS

5 Mirebeau. — Vandœuvre.

6 Jaulnay. — Clain. — Chasseneuil, où l'on séjourne
jusqu'au 16.

17 Poitiers. — Désarmement.

18 Mirebeau.

19 Loudun.

20 Beaufort. — Fontevrault. — Montsoreau.

21 Les Rosiers.

22, 23 Beaugé.

24 La Flèche.

25 Foultourte.

26 Le Mans.

27, 28 Beaumont-sur-Sarthe.

29 Alençon.

30 Séez.

31 Argentan.

AVRIL

1 Falaise.

2 Caen. — Lisieux.

Lisieux, le 15 août 1871.

Le Chef de bataillon commandant,

A.-De LACROIX.

Nous apprenons à l'instant, avec une vive satisfaction, que le Lieutenant Masson, dont nous avons annoncé la mort, n'a pas été tué. Tant mieux; c'est un brave de plus dans l'armée française.

Ch. Besnier   LISIEUX

NOTE DE L'ÉDITEUR.

L'écoulement rapide de presque tous les exemplaires de la 1re édition de cet Opuscule, a décidé l'auteur à en publier une 2e édition. — L'éditeur a cru devoir y ajouter la lettre suivante, adressée à M. le commandant Lacroix par M. le général Jaurès, commandant le 21e corps de la 2e armée de la Loire, actuellement député du Tarn, en réponse à l'envoi de cette brochure.

« Mon cher commandant,

» J'ai reçu la brochure que vous m'avez fait l'honneur de » m'adresser, et je m'empresse de vous remercier de cet envoi.
» J'ai lu avec le plus vif intérêt le journal du 3e bataillon du » 15e de mobile, que je savais déjà avoir été l'un des meilleurs » éléments de cette vaillante 3e division, qui s'est si grandement » illustrée à Savigné-l'Évêque et à Sillé-le-Guillaume.
» Je ne doute pas que vos fils, que vous élevez si bien dans » l'esprit qui doit animer notre jeune génération, ne soient un » jour dignes de leur père, quelque difficile que vous leur ayez » rendu cette tâche.
» Pour moi, mon cher commandant, si l'avenir me réservait » de prendre part à notre revanche, je ne formerais d'autre vœu » que d'avoir à commander encore à des hommes tels que vous.

» Recevez l'assurance de mes sentiments les plus affectueux.

» Général JAURÈS,
» Député du Tarn.

» Graulhet (Tarn), le 12 octobre 1871. »

Effectif au départ de Bayeux

aff.ᵉⁿ supérieur ————————— 1

aff.ᵉⁿ civils ————————— 2

1.ᵉʳ aff. ————————— 4 §

troupe ————————— 1191)

————————— 1200

tués 24.8 - 17 9ᵇʳᵉ - 14 Xᵇʳᵉ - 12 Janvier

————————— 53)

————————— 1147

disparus, prisonniers ou, aux
ambulances par maladie 418

Effectif au 18 mars jour de
licenciement à Poitiers 729

Le Chef de Bataillon Commandant

de la Croix

GARDE NATIONALE MOBILE DU CALVADOS
LE COMMANDANT
LISIEUX
3ᵐᵉ BATAILLON

Lisieux, le 11 Janvier 1872.

A M. A. de Coynard, chef d'escadron d'Etat-major en retraite, ex-commandant de la garde nationale de Dreux.

Monsieur le Commandant,

Si le Journal de Marche du 3e bataillon a eu le privilège d'exciter votre *profond étonnement*, l'article que vous avez publié dans le journal de Dreux, le 5 décembre, pour rectifier les *prétendues erreurs capitales* que vous y avez rencontrées, a produit exactement le même résultat, non-seulement sur moi, mais encore sur tous les officiers de mon bataillon.

Veuillez donc à mon tour me permettre de rétablir les faits :

1º Vous prétendez que j'ai voulu blâmer l'administration municipale de la ville de Dreux, qui selon moi a manqué d'énergie...

« J'ai dit, page 21 : Le 11... le 15e régiment, lieutenant-colonel
» en tête, fait son entrée à Dreux, qui, *disait-on,* s'était rendu la
» veille aux Prussiens, lesquels, le jour même, devaient venir à
» 3 heures, toucher une somme de 150,000 fr., qui leur *aurait*
» été promise par l'administration municipale, effrayée par l'in-
» cendie de Cherisy... »

Est-ce que je m'exprime-là d'une façon affirmative ?

Plus loin, page 22, après avoir dit que l'administration et tous les habitants de cette cité hospitalière, ont fait le meilleur accueil possible au 15e, j'ajoute :

« On a reproché à l'administration de Dreux d'avoir manqué
» d'énergie, et d'avoir transigé avec l'ennemi, pour éviter le
» pillage et l'incendie de la ville.

» Cela n'était peut-être pas sans raison, car, Dreux, ville
» ouverte, bâtie dans le fonds d'une vallée profonde, n'était pas
» défendable, c'est du reste l'avis des hommes compétents et
» connaissant parfaitement le pays... »

Il me semble cependant que cette rédaction loin de blâmer la ville de Dreux et son administration paraît au contraire prendre sa défense.

Et je vous avoue qu'il faut pousser l'esprit de critique bien loin, pour y trouver l'intention que vous me prêtez, c'est du reste l'avis de toutes les personnes sensées qui ont lu cet article.

2º Vous parlez aussi de l'arrestation illégale du maire de Dreux. Mais, est-ce que j'en dis un seul mot ?

Est-ce que je me suis occupé de cet acte arbitraire ?

Suis-je donc responsable des faits et gestes des préfets du gouvernement du 4 septembre ?

3º Vous qualifiez de fantastique, l'exposé de l'affaire de nuit du 24 octobre, à l'occasion de laquelle, au bout de 8 à 10 mois, sans en être chargé par personne, vous vous êtes livré à une *enquête minutieuse* qui vous permet de pouvoir affirmer qu'il n'y avait de Prussiens ni dans la première maison des Cinq-Chênes, ni dans la plaine... et que ce sont des Français, des francs-tireurs ou des gardes nationaux, qui ont tiré sur nous... Ces braves gens comme ils doivent être confus de leur erreur aujourd'hui...!

Je ne serais pas fâché de savoir si vous les avez entendus aussi dans votre minutieuse enquête ?

Puis, vous nous faites un cours sur les attaques de nuit, pour arriver à blâmer les ordres donnés par le général du Temple qui commandait alors la place de Dreux, et qui s'est si bravement conduit à l'affaire du 17 novembre, ainsi que le commandant de La Barthe, son chef d'état-major.

A ce propos, je vous rappellerai que chaque fois que vous êtes venu au rapport chez le général, vous avez été consulté sur les opérations à faire, et que chaque fois vous avez toujours été d'avis qu'on devait battre en retraite et qu'il n'y avait rien à faire pour la défense de cette partie du territoire français que l'ennemi menaçait chaque jour d'envahir.

Quant à moi qui ne m'érige point en juge de mes supérieurs, tous hommes de cœur dans la valeur desquels j'avais et j'ai encore toute confiance, je n'ai eu qu'une chose à faire, c'était d'obéir sans observation.

Vous me permettrez de vous dire, Monsieur, que s'il y a, dans cette affaire, un récit fantastique c'est bien celui que vous avez fait et qui émane de votre imagination, et, je vais vous le démontrer, car, mieux que personne, j'étais au premier rang pour voir les acteurs du drame du 24 octobre.

En effet, le feu de l'ennemi s'est ouvert sur mon bataillon. Je me trouvais alors presque en face de la première maison des Cinq-Chênes, des fenêtres de laquelle on a tiré successivement sur nous trois fois, à bout portant, et à chaque fois, j'ai parfaitement vu, ainsi que tous ceux qui se trouvaient près de moi, les casques à pointes des Prussiens qui tiraient sur nous.

A la première décharge j'ai été renversé avec mon cheval dans le fossé de la route — quoique fortement contusionné, je me suis relevé assez rapidement et j'ai fait sonner la marche de mon bataillon à mon caporal clairon, ancien clairon de marine, qui a fait toute la campagne du Mexique et qui a vu aussi les Prussiens.

Les clairons du 1ᵉʳ bataillon qui se trouvaient à la ferme de Lepinay ont répondu de suite en sonnant la même marche, ce qui m'a fait reconnaître que le 1ᵉʳ bataillon se trouvait plus à gauche que vous ne l'indiquez.

Après ces trois décharges, la grand'garde prussienne qui se trouvait dans la première maison des Cinq-Chênes, s'est retirée dans la direction de Chartres, du côté de la ferme des Yeux-Bleds.

Et dans cette direction deux feux de régiment ou de bataillon, si cela vous fait plaisir, ont été dirigés sur nous par l'ennemi et non par le 1ᵉʳ bataillon qui, je le répète, se trouvait plus à gauche. — Ces deux feux ont été exécutés avec une précision qui n'appartient qu'à de vieilles troupes parfaitement exercées, il n'y a pas à s'y tromper.

D'un autre côté, vous reconnaissez vous-même qu'il y avait des Prussiens dans le quartier et à peu de distance de là, puisque d'une part, la compagnie du capitaine Lehardy en avait tué trois quelques instants avant notre arrivée, et d'une autre part qu'au moment de l'action le lieutenant Masson avait vu des cavaliers prussiens entre nos lignes et la ferme de Lepiney. Or, il fallait que ces cavaliers fussent bien peu éloignés, pour qu'au milieu des ténèbres de la nuit cet officier ait pu les distinguer et les reconnaître.

4° Vous prétendez aussi que les balles extraites aux blessés étaient uniquement des balles françaises.

Je viens à l'instant de recevoir de M. le baron de Cussy, lieutenant à la 1ʳᵉ compagnie du 3ᵉ bataillon, une lettre dans laquelle cet officier m'apprend que le capitaine de Chyvray, du 3ᵉ bataillon de la Manche, son cousin, qui a été tué dans cette affaire, a succombé des suites d'une blessure causée par une balle prussienne.

5° Vous paraissez vouloir insinuer que le 17 novembre je n'étais pas à mon poste avec mon bataillon et que j'étais tranquillement resté à Dreux alors que le devoir et l'honneur m'appelaient ailleurs.

J'ai une réponse bien simple à vous faire, Monsieur, j'y étais, et je ne vous y ai pas rencontré, vous Monsieur... commandant de la garde nationale de Dreux, qui connaissez si bien le pays et dont les conseils dans cette circonstance critique, nous auraient été d'autant plus précieux, que dans votre jeunesse, vous avez, dites-vous, *exécuté des travaux topographiques sur les différentes positions militaires pouvant être occupées* dans ce pays.

Du reste, à l'appui de ce que j'avance, voilà un certificat, qui n'a point été fait pour les besoins de la cause et qui m'a été délivré par M. le général Du Temple, le 20 novembre, alors que mon bataillon a été incorporé à l'armée de la Loire.

Note donnée à M. Lacroix par le colonel Félix Du Temple :

« Je certifie que le commandant Lacroix s'est tenu courageu-
» sement à la tête de son bataillon, le 3ᵉ du Calvados, aux deux
» affaires que la colonne que je dirigeais, eut avec les *Prussiens*
» à Dreux.
» Dans la première, qui eût lieu la nuit, il eût son cheval tué
» sous lui ; dans la seconde, il resta plusieurs heures avec quel-
» ques compagnies de son bataillon, prenant part à la résistance
» toute passive, la seule que pussent opposer les bataillons de
» mobiles, que nous fîmes à l'attaque de l'ennemi qui, au nombre
» de 20,000, avec les canons correspondant à leur force, nous
» attaquaient, sachant que nous n'avions que 4,500 hommes et
» pas un canon. Je souhaite que ce certificat puisse lui être utile.

« *Le colonel*, F. DU TEMPLE.

» 20 Novembre 1870. »

Dans une seconde lettre datée du 3 Janvier, que vous adressez
au *Journal de Lisieux et Pont-l'Evêque*, vous nous faites savoir :
» Que vous écrivez en ce moment, étant même à la veille de
» publier, l'histoire militaire de votre pays natal, pendant cette
» triste et néfaste guerre, » à laquelle d'ailleurs vous n'avez point
pris part, vous étant renfermé dans une réserve prudente, que
je suis loin de blâmer.
Vous allez, dites-vous, *publier un livre*, dans lequel vous vous
proposez de *critiquer nos différents commandants en chef*, —
prenez garde, Monsieur de Coynard. « la critique est aisée, mais
l'art est difficile. » — Il est cependant un mérite que vous ne
pourrez retirer aux officiers supérieurs et généraux, sous les
ordres desquels nous avons eu l'honneur de nous trouver, c'est
d'être sortis de leur retraite pour faire leur devoir de bons citoyens;
ils ont en cela suivi l'élan de leur cœur — ils ont tout quitté pour
voler à la défense du sol français envahi — ils ont apporté à nos
jeunes troupes le concours éclairé de leur expérience et l'exemple
de leur patriotisme désintéressé. — S'ils ont l'honneur de votre
critique, ils auront aussi la douce satisfaction d'avoir fait leur
devoir et d'avoir acquis l'estime, la considération et l'affection
justement méritée de ceux qui ont été sous leurs ordres, et qui
se trouvent honorés d'avoir eu de tels chefs pour les commander
et les conduire dans le chemin de l'honneur et du devoir.
Vous avez reçu la visite du capitaine Calvet, qui lui aussi est
allé sur le terrain pour se rendre compte de tout, et, d'après
vous, il a acquis la certitude que vous étiez dans le vrai. C'est
bien singulier, car, j'ai vu le capitaine Calvet, à son retour de

Dreux. Il m'a paru beaucoup moins convaincu que vous ne le dites.

En effet, le capitaine Calvet a appris, par les habitants du pays, que les quelques cavaliers prussiens qui rôdaient autour de la ferme de Lepinay, avec de l'infanterie, étaient au nombre d'environ 1,500, et qu'au moment de l'action, route de Chateaudun, ils étaient déployés en tirailleurs sur la route de Chartres, depuis Marville jusqu'à une ferme qui se trouve à gauche de la ferme de Lepinay, du côté de Dreux.

Ces 1,500 hommes n'étaient que l'avant-garde d'un corps de 8,000 hommes qui devaient arriver le 25 et qui effectivement sont venus occuper Dreux le lendemain.

Le capitaine Calvet a encore appris ceci, c'est qu'à Tréon, village situé à deux kilomètres des Cinq-Chênes, dans le courant de novembre 1870, le commandant du 2e bataillon des mobiles d'Eure-et-Loir est tombé dans une embuscade prussienne dans laquelle il a été tué, ainsi qu'un capitaine et plusieurs gardes mobiles, et qu'il avait été conduit là par un paysan du pays.

Enfin, vous parlez d'un sieur Laumailler, sabotier, habitant la première maison des Cinq-Chênes, qui vous a raconté, ainsi qu'au capitaine Calvet, que dans sa maison, au rez-de-chaussée, il y avait eu 7 mobiles tués ou blessés...

C'est parfaitement exact, il y a eu des mobiles blessés chez lui, mais ils y avaient été portés immédiatement après l'action par l'ambulance du docteur de Labordette, qui leur a donné les premiers soins.

Mais, il est une question à laquelle le sieur Laumailler n'a pas répondu, *il a sans doute ses raisons pour cela !*

Puisque la première maison des Cinq-Chênes est celle du sieur Laumailler, ce que j'ignorais, il devrait pouvoir nous dire si c'étaient des francs-tireurs, des gardes nationaux ou des Prussiens, qui des fenêtres de sa maison ont tiré sur nous ?

Car, enfin, il n'y a pas moyen de nier un fait qui a été vu, non-seulement par moi, mais encore par tous les officiers et gardes mobiles des 1res, 2e et 3e compagnie de mon bataillon qui se trouvaient en face de la première maison des Cinq-Chênes. De toutes les fenêtres de cette maison trois feux de peloton bien nourris, et prenant le bataillon en écharpe, ont été faits sur nous à 5 à 6 mètres de distance.

Au premier feu, j'ai été renversé dans le fossé avec mon cheval. A ce moment, croyant à une erreur d'une grand'garde du 1er bataillon, on s'est fait reconnaître, puis j'ai fait sonner la marche de mon bataillon — on a répondu à tout cela par deux feux successifs. C'est alors que de notre côté on a vivement riposté — (on voit encore les traces de nos balles sur les murs de la première maison des Cinq-Chênes) et ceux qui tiraient sur nous ont évacué la maison et se sont retirés dans la direction de la ferme des Yeux-Bleds, en longeant le bois des Cinq-Chênes.

Interrogé sur ce fait, le sieur Laumailler a répondu au capitaine Calvet et au capitaine Guillard, de la 2ᵉ compagnie de mon bataillon, qui accompagnait ce dernier et qui était présent à l'affaire du 24 octobre, *qu'il n'y avait personne chez lui, ni francs-tireurs ni gardes nationaux ni Prussiens.*

Voilà une réponse nette et catégorique mais qui donne à penser !...

Qui donc a tiré sur moi des fenêtres de cette maison et a renversé du même coup 47 hommes de mon bataillon y compris le garde Leroy, qui a goûté le charme de votre conversation, tous les jours, pendant qu'il était à l'ambulance des Frères ?

Vous, Monsieur, vous tenez absolument à prouver que ce sont des francs-tireurs ou des gardes nationaux, vos compatriotes ; vous conviendrez que c'est beaucoup d'honneur que vous leur faites là... et, si c'est pour cela que vous faites un livre, vos concitoyens auront beaucoup de gré à vous savoir.

Quant à moi, Monsieur, et à ceux des officiers et gardes mobiles de mon bataillon, qui ont supporté le feu parti de la maison du sieur Laumailler, nous restons convaincus que nous avons eu affaire à des Prussiens ; — nous étions là, nous avons vu, — et notre témoignage, tout désintéressé, mérite autant de crédit, ce me semble, qu'une enquête faite, 8 à 10 mois après les événements, par vous, Monsieur, qui n'étiez chargé de ce soin par personne.

Vous terminez en nous faisant part que des signaux ont été faits par les Prussiens de Marville. — Nous avons vu très-bien ces signaux auxquels il a été répondu par une fusée qui est partie du bois qui se trouve en face de la première maison des Cinq-Chênes et qui a été remarquée par toute la colonne ; — cette fusée a été le signal de la fusillade. — Quant aux espions qui, d'heure en heure, renseignaient les Allemands, nous savons parfaitement et nous en avons fait la triste expérience, qu'on ne manquait pas d'espions dans Dreux ; — c'est encore vous qui le constatez. — J'ai vu à Lisieux, il y a peu de temps, un officier français qui a été prisonnier en Prusse et qui a lu vos deux lettres. Cet officier m'a dit avoir lu la relation des deux affaires de Dreux, 24 octobre et 17 novembre, dans les journaux allemands. De la première affaire, on dit peu de chose, si ce n'est *que les Prussiens prétendent nous avoir tué plus de monde que nous ne leur en avons fait perdre.* Quant à la deuxième affaire, ils en ont fait beaucoup de tapage ; il y avait de quoi, en effet... 4,500 Français, sans canons, ont arrêté une armée de 25,000 hommes pendant cinq heures.

Ils n'ont même pas osé nous poursuivre, — j'en sais quelque

chose, car c'est moi, qui le dernier, avec les 5e et 3e compagnies, capitaines Morin et Delanney, ai quitté le champ de bataille ; — c'est encore mon bataillon qui a été de grand'garde cette nuit-là, à Nonancourt et la nuit suivante à Tillières-sur-Avre, malgré la part active qu'il avait prise à l'affaire du 17. — Je ne m'en plains pas, parce que c'est un honneur qui était fait au 3e bataillon et qui prouve que le général qui commandait savait qu'il pouvait compter sur son énergie.

Je reçois à l'instant, de M. le général Du Temple, député, une lettre, datée du 10 janvier, dans laquelle je lis ce qui suit :

« ..... Faites donc remarquer à M. de Coynard ceci : *qui veut* » *trop prouver finit par prouver le contraire de ce qu'il veut.* Où » a-t-il jamais vu des *francs-tireurs* assez audacieux pour attaquer » une colonne de plusieurs milliers d'hommes passant, précédés » de 40 gendarmes, silencieusement et en fort bon ordre, sur » une grande route ?

» Mais chose plus extraordinaire, où a-t-il vu des *gardes natio-* » *naux,* laissant passer 2,000 hommes en voyant venir 2 à 3,000 » autres, sachant que le feu s'est engagé à la tête, qu'il vient de » s'éteindre et le recommençant au centre même de la colonne. » Ces gardes nationaux devraient se faire connaître, malgré leur » erreur *très-inexcusable* ; car, ils ne devaient pas ignorer que » Dreux ne contenait aucun Prussien et ils devaient être fort éton- » nés de voir cette ville en vomir des milliers. Ils devraient, » dis-je, se faire connaître ; car, dans toute la France on n'eut » pas trouvé pareils héros parmi leurs semblables. Quant à l'as- » sertion des Prussiens, il est naïf d'en tenir compte, n'ayant pas » réussi à jeter la panique qu'ils comptaient produire ; il est » assez natuel que la compagnie ou le bataillon prussien qui l'a » essayé ne se soit pas trop vanté de ses exploits.

» Intercalez ce que je vous écris dans votre défense comme » venant de vous, ou faites-le paraître seul dans le journal de » Lisieux, comme venant de moi, je vous laisse libre de faire ce » qu'il vous plaira.

» Agréez...

» Signé : Félix du Temple. »

Telles sont, Monsieur, les observations que j'ai cru devoir vous adresser pour vous éclairer complètement et tâcher de vous convaincre de l'exactitude des faits racontés dans ma brochure.

Veuillez, Monsieur le Commandant, agréer l'expression de mes sentiments les plus distingués.

Le Chef de Bataillon Commandant,

A. DeLACROIX.

Le plus ancien des Commandants du 15e de Marche.

président de la cour martiale De la 3e Division Du 21e corps —

Publication autorisée par décision du ministre de la guerre en date du 8 janvier 1872. *par le général de Cilley*

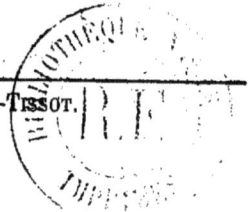

Lisieux. — Imp. Mme LAJOYE-TISSOT.

63

www.ingramcontent.com/pod-product-compliance
Lightning Source LLC
Chambersburg PA
CBHW070859280326
41934CB00008B/1509